DX時代の 売れる しくみの 作り方

時代の

小さな会社の
デジタル
マーケティング
超入門

Digital Transformation

長橋真吾 著

standards

はじめに

今、中小企業に求められるDXとは?

DXには「攻め」と「守り」がある

　昨今、メディアでDX（デジタルトランスフォーメーション）という言葉を見聞きすることが増えてきました。そのほとんどは大企業に関連する話題ですが、だからといって中小企業には関係ないと思っていたら大きな間違い。中小企業にとってもDXの推進は、無視できない経営課題です。

　では、そもそもDXとは何か。経済産業省の「DXレポート2　中間とりまとめ」（令和2年12月28日）では、このように説明されています。

「企業がビジネス環境の激しい変化に対応し、データとデジタル技術を活用して、顧客や社会のニーズを基に、製品やサービス、ビジネスモデルを変革するとともに、業務そのものや、組織、プロセス、企業文化・風土を変革し、競争上の優位性を確立すること」

　製品やサービスや業務をデジタル化して生き残りを図る、ということです。

　一般的にDXといえば、社内のITインフラを強化して業務を効率化するようなイメージですが、実はそれだけとは限りません。

　私はDXには「守り」と「攻め」の2種類があると考えています。

　「守り」のDXとは、ITインフラの整備、業務プロセスのデジタル

化、業務環境のオンライン化といったこと。

「攻め」のDXとは、提供する商品・サービスやビジネスモデル、顧客接点をデジタル化することです。

2種類のDXのなかでも、中小企業にとって特に大切なのは「攻め」のDXだと私は考えています。

コロナ禍で誕生したオンラインツアー

2020年に起きた新型コロナウイルス感染症拡大の影響で、攻めのDXとも呼べる事例が次々と登場しています。例えば、コロナ禍で大きなダメージを受けた旅行業界。特に海外旅行は壊滅的な状況になりました。そこで出てきた新しいサービスが「オンライン体験ツアー」です。現地のガイドなどがカメラを持ちながら観光地を巡り、利用者はテレビ電話アプリのZoomを使って擬似的にツアーを体験するサービスです。

旅行会社HISのサイトで検索すると、1300件以上のオンライン体験ツアーが表示されます。口コミもかなり掲載されているので、多くの人が利用していることがわかります。

オンラインで現地の様子を仮想体験しておくことで、「実際には行かなくてもいいかな」と感じるかもしれませんし、反対に「より現地に行きたくなった」と思うかもしれません。いずれにしても手軽に旅行体験をする手段として、あるいは旅行先選びの手段として、コロナ終息後も一定の定着を見せるのではないかと考えています。

これなどはまさに攻めのDX。サービスをデジタル化した例といえます。

ユーザーには好みのモノだけが表示される時代

AIによって消費者の商品・サービス選びを簡便にすることもDXの一種です。

Amazonで商品を探していると、「あなたへのおすすめ」といった

かたちで他の商品をおすすめしてくれます。Amazonに限らず他の
ECサイト（販売サイト）やNetflixなどの動画サービスでも、レコ
メンド（推薦）機能は一般的になっています。

　広告の世界でも同じで、ユーザーが閲覧するウェブサイトの属性
に関連する広告が、ウェブサイトやアプリに表示されることがあり
ます。あれは、ユーザーのウェブ上での行動を追跡し、興味のあり
そうなこと（レコメンド）を広告として表示する「ネイティブ広告」
と呼ばれる手法です。

　今後、データの活用やAI技術がさらに発達するにつれて情報はま
すます絞り込まれ、選別され、ユーザーの目の前には、その人の興
味関心のある情報だけが表示されるようになります。

　企業としては、オンラインの購買行動に対応するだけでなく、絞
り込んだターゲットに対して有益な商品・サービス、コンテンツを
提供しなければ、AIから推薦してもらえません。自社の製品が消費
者の目に入ることがなくなってしまうのです。

　VR（仮想現実）を使った新たなサービスも、攻めのDXのひとつ
です。VRゴーグルを使い、自宅にいながら実店舗にいるかのように
仮想空間のなかでショッピングを楽しめる「VRコマース」や「ライ
ブコマース」と呼ばれるサービスが登場しています。

　今後、こういったサービスが普及すれば、リアルの店舗だけで勝
負している企業は太刀打ちできなくなるでしょう。DXに対応した企
業とそうでない企業で、大きな差が付くことになります。

どう優先順位をつけて取り組むか

　デジタルの世界での競争が激化する。この世界的な流れからは中
小企業も無関係ではいられません。DXを推進し、変革の波について

いかないと、ビジネスを発展させていくことは難しいでしょう。

すでに中小企業のビジネスシーンにおいても、オンラインセミナーやオンライン商談、オンライン診療など、至るところでDXは進んでいます。「取り組むか取り組まないか」ではなく、「どこから優先順位をつけて取り組んでいくか」を、中小企業経営者は考える必要に迫られています。

その時にポイントとなるのは前述の「攻め」と「守り」の発想です。大企業であれば、社内インフラの整備や業務のデジタル化といった「守り」のDXで、業務効率が上がり、収益拡大という成果を得られます。（図の①、③の領域）

しかし中小企業ではそうはいきません。「守り」のDXで多少の業務改善をしたところで大きな成果は出にくいからです。

そこで必要なのは「攻め」のDXです。商品・サービスそのもののデジタル化や、顧客接点チャネルのデジタル化、新規デジタルビジネスの創出を進め、売上を伸ばすことに集中する必要があります。（図の②、④、⑤の領域）

◎ビジネスにおける「DX」のタイプ

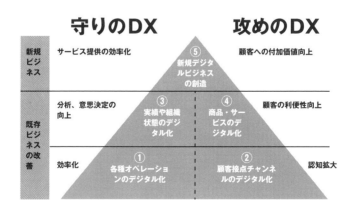

「攻め」のDXの中心的な手法は、②顧客接点チャネルのデジタル化、つまり企業と顧客のさまざまな接点にデジタルを取り入れること。デジタルマーケティングと言い換えることもできます。では、デジタルマーケティングとは具体的にどんなものなのか。中小企業は何から取り組むべきか。それを解説したのが本書です。

プロの知見をわかりやすく

私、長橋真吾はデジタルマーケティングに特化したコンサルタントであり、デジタルマーケティング支援サービスを提供するデジタルアスリート株式会社※の代表取締役社長として、これまで1800社以上の中小企業のデジタルマーケティング支援に携わってきました。

広告、アフィリエイト、SEO対策、SNS活用など、Webマーケティングはもちろん、それ以外の技術を活用したデジタルマーケティングについても常に最新情報を仕入れ、活用しています。

デジタルマーケティングを駆使して中小企業の売上アップをサポートしてきた私が、これまで培ってきた知識とノウハウ、そして最新の情報を、本書ではあますところなく公開しています。

◎DXに取り組み売上を上げたい中小企業の経営者
◎成果が出ずに困っているWebマーケティング担当者
◎デジタルマーケティングの全体像を知りたい人

といった方に最適な情報を提供しています。ぜひ読み進めていただき、ビジネスの中で実践して、貴社の売上アップを実現してください。

2021年9月

長橋 真吾

※2022年1月より、株式会社リスティングプラスは、デジタルアスリート株式会社に社名を変更します。
本書では新社名で表記します。

本書の読み方

本書は、小さな会社がDX（デジタルトランスフォーメーション）に対応したデジタルマーケティングでネットの販促による売上アップの方法、「攻めのDX」を基本から解説します。

01 デジタルマーケティングの概要を解説します。

⬇ デジタルマーケティングと従前のマーケティングとの違い・全体像の説明

02 デジタルマーケティングで覚えるべき知識と基本を解説します。

⬇ デジタルマーケティングの施策の優先順位・消費者プロセスの把握と考え方。一次コンテンツの重要性などの基本の説明

03 会社がおさえるべきデジタルマーケティングの戦略を解説します。

⬇ カスタマージャーニーマップやマーケティングファネルの作成・最終目標の決定とテストマーケティングの重要性・予算のかけ方などのデジタルマーケティングを始める際にすべきことを説明

04 デジタルマーケティングの結果を出す具体的な施策について解説します。

⬇ デジタル商品の開発・セールスサイトやコンテンツサイトの作成・広告や検索、ツールを使ったアクセスアップの施策の説明

05

目標達成のための
効率的・効果的に動く方法を解説します。

↓　チーム編成・目標に向かったチームの動かし方・ビジネスモデル構築の
考え方・不足する人材の探し方など会社として動く施策の説明

06

今後起こるであろう
デジタルマーケティングのあり方を解説します。

デジタルシフトや今後のデジタルマーケティング事情

本書のページの見方

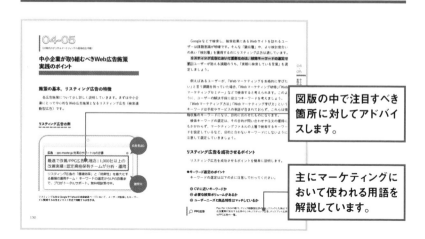

図版の中で注目すべき
箇所に対してアドバイ
スします。

主にマーケティングに
おいて使われる用語を
解説しています。

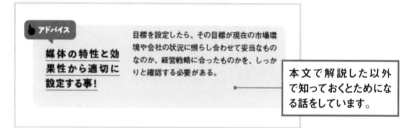

本文で解説した以外
で知っておくとためにな
る話をしています。

もくじ

06 DX時代に求められるデジタルマーケティングの本質とカギ

DX時代に取り組むべき
デジタルマーケティング

この章ではデジタルマーケティングの全体像から解説します。通常のマーケティングや同じインターネットでもWebマーケティングとの違い、デジタルマーケティングを活用することで会社がどう変わるのでしょうか？　まず知ることは「デジタルマーケティングとは何か？」です。

そもそも
デジタルマーケティングとは何か?

デジタルマーケティングは幅が広い

　この章ではデジタルマーケティングの全体像について解説します。

　デジタルマーケティングとは、消費者の購買プロセスにおいて実施するデジタル施策全般ことを指します。購買プロセスとは以下の図のように、消費者が「認知」してから「購買」「再購買」に至る過程のことです。

◎一般的な消費者販売プロセス「AISAS」

プロセス	Attention			Interest			Search
	認知	好意	検索	比較	来訪	熟考	
施策	各種サイト構築（リード獲得LP、比較サイト、						
	ディスプレイ広告		SEO対策				
	Facebook広告		検索広告				
	オウンドメディア		コンテンツマーケティング				
	SNS投稿		UI／UX改善				
			レコメンド				

🔍 **オウンドメディア**　「自社で保有するメディア」の総称であり、本来の意味としては自社のホームページ、SNSやブログなどすべてを含む。ただし現在では一般的に、企業が運営するウェブマガジンやブログを指すことが多い。

このプロセスに沿って、企業が消費者にモノを買ってもらえるように、ホームページを制作したり、広告を出稿したり、その他SNSへの投稿、SEO対策、ランディングページ（LP）の制作、オンラインセミナーの実施、販売サイトの設計など、さまざまな施策を展開することをデジタルマーケティングと呼びます。

企業がデジタルマーケティングに取り組むなら、具体的に何をやりたいのかを明確にしなければなりません。そしてやりたいことを絞ったら、それを社内の人材が行うのか、あるいは外部のパートナーに任せるのか決める必要があります。

外部に委託する場合も、すべて丸投げでは外注先との認識の相違が起こったり、費用ばかりかかって期待する効果を得られなかったりする可能性があります。発注者側もデジタルマーケティングに関する最低限の知識を持ち、適切にディレクションすることが大切です。本書を読めば、外部に発注する際に必要な知識をひととおり理解していただけるはずです。

AISASとは……
2004年に株式会社電通が提唱された消費者の購買行動モデル。現在はDualAISASやSNS時代に合わせたULSSAS（ウルサス）、各プロセスで検索・共有・拡散が発生するRsEsPs(レップス)など様々なものが提唱されている。

Action			Share	
購買	体感	参加・共有	再購買	
セールスLP、コーポレートサイト、会員サイト等）				
LPO対策	CRM			
EFO対策	DMPデータ活用		チャットコマース	
	SNS連携			

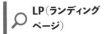

LP（ランディングページ） 広告やリンクをクリックした時に最初に着地（ランディング）するページのこと。Web広告の現場でランディングページと言う場合、縦長1枚のページを指すことが多い。

基本的な施策

　デジタルマーケティングには幅広い施策が存在しますが、そのなかでも中小企業が取り組むべき基本的な施策は、以下の6つに限定されます。

❶ セールスサイト（販売目的のLP、ECサイト（販売サイト））

❷ コンテンツサイト（ブログ、オウンドメディアなど）

❸ 決済システムの充実（ECサイトなど）

❹ オーガニック検索やSNSを使った無料のアクセスアップ（SEO対策やSNS運用）

❺ 広告を使ったアクセスアップ（GoogleやTwitterなどの広告）

❻ リピート施策（ステップメール、会員システムなど）

　この①〜⑥を基本に、具体的な施策を考えていけばいいでしょう。もちろん、オンラインで商品を販売しない企業もありますから、その場合、③決済システムの検討は不要です。

　これらに加えて余力がある場合には、デジタル商品（オンライン旅行体験など）の開発や、業務オペレーションのデジタル化を図ることで、よりDXが進むことになります。

🔍 **オーガニック検索**　ユーザーが特定キーワードで検索した時に表示される検索結果のうち、検索連動型広告(リスティング広告)部分を除いたもの。広告を含まず検索エンジンによる純粋な検索結果を指すことから「自然検索」とも言われる。

基本的なデジタルマーケティング施策

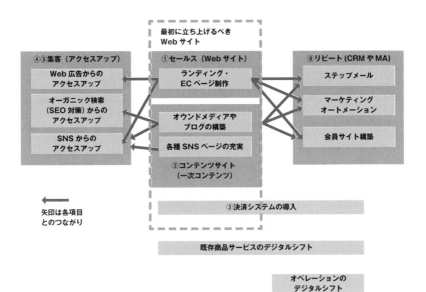

最初に立ち上げるべき
Web サイト

④⑤集客（アクセスアップ）

Web 広告からの
アクセスアップ

オーガニック検索
（SEO 対策）からの
アクセスアップ

SNS からの
アクセスアップ

①セールス（Web サイト）

ランディング・
EC ページ制作

オウンドメディアや
ブログの構築

各種 SNS ページの充実

②コンテンツサイト
（一次コンテンツ）

⑥リピート (CRM や MA)

ステップメール

マーケティング
オートメーション

会員サイト構築

矢印は各項目
とのつながり

③決済システムの導入

既存商品サービスのデジタルシフト

オペレーションの
デジタルシフト

🔍 **ステップメール**　期間を決めてあらかじめ用意したメールをスケジュール通りに配信していくマーケティング手法。

デジタルマーケティングの種類と特徴

マーケティングの中のデジタルマーケティング

　デジタルマーケティングはマーケティングの一種で、Webマーケティングを含む概念です。それぞれの関係は下記の図の通りです。

マーケティング、デジタルマーケティング、
Webマーケティングの関係

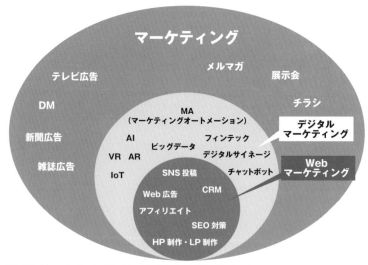

※それぞれがマーケティングに内包されるため、明確な境目はない

この図のうち、デジタルマーケティングとWebマーケティングについては、境目があいまいになりつつあります。例えば、図ではデジタルマーケティングに含まれる「MA（マーケティングオートメーション）」はWebマーケティングの一種ととらえることもできます。

反対にWebマーケティングに含まれる手法が、デジタルマーケティングの範疇で扱われる場合もあります。つまりこの図の区分けは便宜的なものであり、明確に定義されたものではないとご理解ください。

なお、「IoT」「AI（人工知能）」「ビッグデータ」などはITの文脈で語られることが多いキーワードですが、昨今ではこれらをマーケティングに活用する流れがあるため、ここではデジタルマーケティングの枠に含めています。

Webマーケティングの種類とそれぞれの特徴

まずは、最も基層概念であるWebマーケティングの主な種類と、それぞれの特徴について簡単に解説していきます。

◎SEO（Search Engine Optimization:検索エンジン最適化）

GoogleやYahoo!といった検索エンジンの検索結果において、自社のWebサイトが上位に表示されるよう、Webサイトの構成などを調整すること。また、その手法の総称を指します。

その歴史は検索エンジンが登場した1990年代半ばから始まります。20年以上の歴史がありながら、現在においてもWebマーケティングの王道といえる施策です。

検索エンジンのアルゴリズムは日々進化・複雑化し、それに合わせてSEO対策にも新たなテクニックが次々と生まれています。

◎Web広告

Web上で展開する広告の総称。その手法は多岐にわたりますが、主として次のようなものがあります。

【検索連動型広告（リスティング広告）】

GoogleやYahoo!でキーワードを検索した結果画面に表示される広告のこと。

【ディスプレイ広告】

Webサイトやアプリの広告枠に表示される広告。バナーとして表示されるものもあれば動画広告もある。

【Facebook広告】

Facebook上の広告枠やタイムラインに表示する広告。ユーザーのFacebook閲覧時間の伸びに合わせ、Facebook広告も高い成長性を示している。

【ネイティブアド】

記事と融合させた広告。例えばニュースサイトで記事が並ぶなかに、記事のようなスタイルで広告を表示させる。

【DSP広告】

広告主側のプラットフォーム（DSP）を通じて配信される広告。ユーザーの性別や年齢などの情報と、検索履歴・行動履歴などの興味関心データをもとにして配信されるため、ターゲットにピンポイントでアプローチできる。

◎アフィリエイト

ブログサイトなど自分のホームページ内の記事で広告主の商品を

宣伝し、そのページを見た人が実際に購入や契約に至った場合に、成果に応じた報酬がブログサイトのオーナーに支払われる広告のしくみ。SEO対策と組み合わせて行うことで効果が上がります。

一時期アフィリエイトは非常に盛り上がり、個人でブログを運営する人もたくさんいました。しかし現在は、メディア運営企業が専門人材をそろえてアフィリエイトやSEO対策に取り組む例が増えており、個人のアフィリエイターが太刀打ちするのは難しくなっています。

◎SNSマーケティング

TwitterやInstagram、YouTube、LINE公式アカウントなどのSNS（ソーシャル・ネットワーク・サービス）で情報発信をすることで商品サービスや企業の認知や好感度を広げる活動。TikTok、Clubhouseなど新しいSNSが次々に誕生し、SNSマーケティングの手法も多岐にわたっています。

かつての情報収集といえば、まずGoogleで検索するのが主流でしたが、昨今ではGoogleを介さず、SNS内で検索・情報収集してサイトを訪れるユーザーが増えています。それに伴い、多くの企業がSNSマーケティングに力を入れるようになっています。

◎メールマーケティング

自社の顧客リストに対してメールを配信することで、集客やファンの育成、リピーターの醸成などの目的達成を図る施策。昨今、連絡手段の主流はメールからLINEに移っていますが、「ほとんどの人が使えるツール」としてまだまだメールの文化は根強く残っています。そのため、メールマーケティングもきちんと取り組めば一定の効果を見込めます。

🔍 **Clubhouse** 米国発の音声配信SNSのこと。参加するためには他のユーザーからの招待が必要だったが、21年7月から誰でも参加できる登録制になった。2020年にスタートし、2021年に入ってから日本でも爆発的にユーザーが増加した。

デジタルマーケティングの種類とそれぞれの特徴

　Webマーケティングを除くデジタルマーケティング施策について、それぞれの種類と特徴を下記に挙げました。

◎AI (Artificial Intelligence:人工知能)

　マーケティングの分野では、AIのなかでも、過去の経験から学び改善していく「機械学習」を活用してデータ分析が行われることが多いといえます。例えばショッピングサイトで、自分の興味関心のある商品が表示されるのも、機械学習によるものです。また昨今ではランディングページやキャッチコピーの生成、広告の自動運用などにもAIが使われるようになっています。

◎VR (Virtual Reality:仮想現実)

　現物・実物ではないが機能としての本質は同じであるような環境を、ユーザーの五感といった感覚を刺激することにより理工学的に作り出す技術およびその体系。ゲームやエンタメ分野で注目される技術ですが、「VRグラスを使って部屋の内見をする」などマーケティングの場面で使われることも増えています。

◎MA (マーケティングオートメーション)

　マーケティング業務を自動化することで業務の効率化、生産性向上を図るツールのこと。リード（見込み客）の獲得から顧客情報の管理、ホットリード（購買意欲の高い顧客）の絞り込みや育成、購買に至るまで、これまで人が担っていた業務を効率化・自動化します。

◎AR (Augmented Reality:拡張現実)

　現実世界の「足りない」または「補足したい」情報を補ってくれ

る技術。スマートフォンやスマートグラスを通して見た世界に、動画などのデジタルコンテンツを表示させたものです。大ヒットしたアプリゲーム「ポケモンGO」で有名になりました。「家に居ながら、洋服を試着したイメージをモニター内で確認できるサービス」など、さまざまなマーケティング施策にARが活用されはじめています。

◎ビッグデータ

「さまざまな形をした、さまざまな性格を持った、さまざまな種類のデータ」のこと。例えばスマートフォンを通じた位置情報や行動履歴、インターネットの視聴・消費行動の履歴、小型センサーなどから得られるデータのことを指します。ビッグデータを持っている企業は、AIやMAを通してデータを活用することで、マーケティングの高度化やデジタルサービスの開発に役立てることができます。

◎IoT (Internet of Things:モノのインターネット)

センサーと通信機能を用いて、データ収集・分析（モニタリング、予防／予知保全、作業効率化）および、遠隔制御などを行うしくみ。例えば、家電や商品タグに組み込んだセンサーを使ってユーザーの情報を収集・分析することにより、マーケティング活動に役立てるといった方法が考えられます。

◎CRM(Customer Relationship Management：顧客関係管理)

一般的には顧客管理システムの意味で使われますが、昨今では既存顧客にメルマガを打つなどしてコミュニケーションを図り、販売を促進するといったマーケティングの手法として使われることも増えています。前述の「MA」としくみ的には近いものがあります。

◎フィンテック（FinTech）

　金融サービスと情報技術を結びつけた、さまざまな革新的な動きのこと。スマホ決済や仮想通貨などがその一例で、マーケティング的な施策としてこれらが使われることもあります。

◎デジタルサイネージ

　電子看板、電子広告のこと。画像や動画などデジタルコンテンツとディスプレイを組み合わせたもので、看板や紙のポスターの代わりに使われます。

デジタルとWeb、どちらに取り組むべきか

　Webマーケティングとデジタルマーケティングの違いを平たく言えば、自社のWebサイトにアクセスしてもらうために、SEO対策や広告、SNSなどに取り組むことが「Webマーケティング」、**さまざまなデジタル技術を駆使してより付加価値の高いサービスを提供したり顧客接点を持ったりすることが「デジタルマーケティング」**ととらえるのがわかりやすいかと思います。

　では中小企業はどちらから取り組むべきでしょうか。
　まだデジタルやWebの取り組みをあまり進めていないようなら、まずは自社で（外注も使いながら）主体的に実践できるWebマーケティングから取り組むことをおすすめします。
　なぜなら、デジタルマーケティングは最先端の技術を駆使するものであり、中小企業にとっては技術・ノウハウ・資金といった面でハードルが高いからです。
　また、Webマーケティングもデジタルマーケティングも、ユーザー心理を理解することが大前提となります。したがって、**デジタ**

ルマーケティングの中でも最も根幹にあるWebマーケティングから取り組み、ユーザー心理をしっかりと理解して、成果を上げてから次のステップへ移ることが堅実といえます。

　なお、本書ではデジタルマーケティングという場合、原則としてWebマーケティングも含んでいることをご留意ください。

DX時代、中小企業の販促手段は
デジタルマーケティング一強になる

アナログからデジタルへと社会はシフトしている

　私たちの生活のなかで、さまざまなものがデジタル化されていく時代になっています。

　広告会社の電通が発表した「2019年 日本の広告費」によれば、国内のインターネット広告費が、6年連続2桁成長でテレビ広告費を超え、初めて2兆円を超えました。さらにその翌年の「2020年 日本の広告費」では、新型コロナウイルス感染症の影響で広告費全体が11.2％も減少するなか、インターネット広告費だけは前年に引き続きプラス成長を果たしています。デジタル化の加速が追い風になっていると見られます。

　NHKの「2020年 国民生活時間調査」によれば（右ページグラフ参照）、国民全体で、1日にテレビを見る人の割合が79％まで減少し、特に16〜19歳は47％しかテレビを見ていないことが明らかになりました。一方、16〜19歳がインターネットを利用する割合は8割に達しています。若い人ほどテレビを見ずにインターネットを見ているのです。

若年層はテレビよりインターネットのメディアを閲覧する時代に

メディア環境の変化。ネット利用が中心に。

・テレビ視聴で大きく減った若年層で、特にインターネット※を利用する人が多い
・16〜19歳では1日にインターネットを利用する人が8割

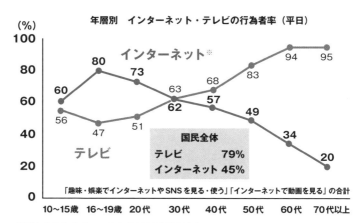

年層別　インターネット・テレビの行為者率（平日）

「趣味・娯楽でインターネットやSNSを見る・使う」「インターネットで動画を見る」の合計

国民全体
テレビ　　　　　79%
インターネット 45%

出典：NHK放送文化研究所「2020年 国民生活時間調査」

　情報収集をインターネットで行っているのは若者だけではありません。総務省「令和元年度 情報通信メディアの利用時間と情報行動に関する調査報告書」によれば、YouTubeの利用率は50代で75.2%、60代で44.8%と、シニアにおいても高い割合を示しています。

　ユーザーが利用する情報媒体は、テレビ、新聞、雑誌などのアナログから、デジタル（インターネット）へと急速に移行しているのです。さらにいずれはこの若年層が、中年層に移行してくるのでこの傾向はますます加速します。企業はデジタルを使ったマーケティングを実施しないと、ユーザーに商品・サービスを届けられない時代になっています。

デジタルマーケティングに取り組まない企業の行く末

　企業がデジタル化の波に乗ることができず、失敗した例もたくさんあります。例えば2017年に破たんした旅行会社の「てるみくらぶ」はニュースにもなったので記憶に新しいところでしょう。

　同社はWeb広告を使った旅行販売で業績を伸ばしていましたが、同業者との競争が激化したため、ある時からシニアの富裕層をターゲットに絞った戦略に転換し、紙面広告を中心とするマーケティングに力を入れました。しかし期待するほどの効果が得られず、広告費が嵩み、利益率は悪化し、ついには破たんしました。「シニア＝紙面広告」という前提が変わってきていることを見抜けなかったのでしょう。

　従来からあるマス広告の効果がなくなったわけではありません。大企業が大規模な予算を使ってテレビ広告や新聞広告を展開することには、まだまだ一定の効果が期待できます。

　しかし、特に予算が限られている中小企業では、効果の高い施策に予算を集中していくことが求められます。私の所感では、大企業では従来型のマスマーケティングを継続しつつ、デジタルマーケティングへ急速にシフトしてきています。一方で、中小企業の多くはデジタルマーケティングへの取り組みが遅れていますし、やっているとしても小規模・限定的です。

　今後、デジタルマーケティングに取り組む大企業や中小企業は勝ち残り、デジタルマーケティングに後れを取っている中小企業は淘汰されていくことになるでしょう。だからこそ、いち早くデジタルマーケティングをスタートし、ノウハウを蓄積していく必要があります。

 マス広告
テレビ、新聞、ラジオ、雑誌の4媒体をマスメディアと呼び、これらに掲載される広告のことをマス広告という。インターネット広告やWeb広告などのデジタル広告との比較で語られることが多い。

アドバイス

**ネットに公開されて
いる情報を有効活
用しよう**

インターネット上ではさまざまな統計デー
タ・調査データが公表されています。それら
を見れば、「シニアの○％がスマホを活用し
ている」などの現状が数字でわかります。具
体的な数値を確認することで、実態の把握や
仮説の立案に役立ちます。

DX時代に取り組むべき
デジタルマーケティング

なぜ、小さな会社の社長ほど デジタルマーケティングを活用できないのか?

仕事がデジタルに置き換わる時代

　私はデジタルマーケティングの専門家として、規模も業種もさまざまな企業の経営者と話をする機会があります。そこで感じるのは、一定規模以上の企業の経営者は、デジタルマーケティングに明るく、専門用語もきちんと理解して使いこなしている人が多いことです。

　反対に、規模が小さい企業の経営者ほど、デジタルマーケティングに対する理解度は低くなり、活用できていない傾向があります。小さな企業の場合、既存の得意先と、紹介・口コミによる新規顧客だけで経営が成り立つからだと考えられます。

　実際に、「うちは紹介で客が来るからデジタル化なんて関係ない」「既存のお客さんを掴んでいるからWebなんて不要」と言い切る経営者もいます。

　しかし、既存顧客から厚い信頼を獲得している小規模企業でも、今後は安心していられなくなります。

　例えば生命保険は、知人の紹介や営業マンから契約するのではなく、ネットで選んで契約することが当たり前になりました。自動車も従来はディーラーで購入するのが当たり前でしたが、昨今はネット経由で注文し、契約のためだけに来店する人が徐々に増えています。

　このような変化と同じことが、他の業界で起こらないとも限りま

せん。**小さな企業の強みである顧客との強固な信頼関係も、業界の構造変化によって失われる可能性があります。**

　したがって、今後経営者が10年20年とビジネスを継続していこうとするのなら、従来のやり方にとらわれるのではなく、デジタル技術やWebに対する理解を深め、これをどのように活用していくか、真剣に考える必要があるでしょう。

　もちろんデジタルマーケティングについては外部のパートナーを利用する方法もありますが、すべてお任せではうまくいくはずがありません。基本となる戦略を立案し、予算を組み、外部のパートナーに的確に指示して、施策の結果を検証して次につなげる……。この程度は経営者やマーケティング業務を手掛けるマーケターの最低限のスキルとして身に付けておきたいところです。

デジタルに強い会社が勝つ時代

　デジタル化の進展によってもたらされたもうひとつの変化に、大都市と地方の格差解消があります。

　以前は、東京や大阪の企業が発信する情報が最先端で、地方企業がそれを取り入れていました。東京の企業がセミナーを開催すると、地方からわざわざ出張して参加に来る企業もあったくらいです。

　しかし現在はコロナ禍によって、リアルの会場を使ったセミナーができなくなり、オンラインセミナーが中心になりました。その結果、どの地域にいてもセミナーに参加したり、セミナーを開催したりできるようになりました。これにより大都市と地方の情報格差はなくなったといえます。

　営業面も同様です。従来、特にBtoBの世界では地元企業同士で取り引きすることが普通でした。しかし、オンライン商談が当たり

 BtoB　　"Business to Business"の略称。企業が企業に向けて商品やサービスを販売するビジネスモデルを指す。これに対して企業が消費者に向けて商品やサービスを提供するビジネスモデルをBtoC（Business to Consumer）という。

前になったことで、地方企業と都市の企業、あるいは遠隔地同士の企業が知り合い、取り引きに発展するケースも珍しくなくなっています。

　下の図は、コロナ禍の影響で、オンラインセミナーを活発に利用していることが示されています。

　これは小規模企業や地方企業にとって大きなチャンスととらえることもできます。デジタル活用の有無によって、企業の未来が大きく左右されるのです。

コロナ禍ではオンラインセミナーが主流に

Q5　他社オンラインセミナーへの参加状況について教えてください。
（103件の回答）

- コロナ前から他社オンラインセミナーに積極的に参加
- コロナ後から他社オンラインセミナーに参加するようになった
- コロナに関わらず他社のオンラインセミナーに参加したことがない
- コロナ後からオンラインセミナーに参加するようになった

Q6　他社オンラインセミナーの公開性（受講側として）についてお答えください。
（103件の回答）

- 会場受講のセミナーより効果的
- 会場受講のセミナーより効果性が薄いように感じる
- 参加したことがない

デジタルアスリート株式会社が行ったアンケートによると、企業の多くはコロナ後からオンラインセミナーを活用（参加あるいは実施）するようになった。そしてその効果の高さを実感している。

デジタルマーケティングに対する
5つの誤解

5つの誤解とは?

　デジタルマーケティングについては誤解があるようで、そのせいで一歩を踏み出せない経営者は多くいます。さまざまな誤解がありますが、主に次の5つに集約されます。

　❶専門知識がないとできない
　❷予算がすごくかかりそう
　❸お金をかけなくてもできそう
　❹何から始めればいいかわからない
　❺専任担当者がいないとできない

　あなたもそのような誤解をしていないでしょうか。それぞれの誤解について解説していきます。

①専門知識がないとできない

　Web広告、SEO、SNSなど、一口にWebマーケティングといっても、具体的な手法は多岐にわたります。デジタルマーケティングとなるとさらに範囲は広がります。これらをすべて実践しようとすれば、それなりの知識は必要です。

しかし、野球とサッカーの両方でプロ選手を目指すことが無謀なのと同じで、何かを極めようと思ったら色々と手を出すのではなくひとつに絞ることが大切。例えばホームページへのアクセスアップのためにSEOに集中して実践するだけでも、十分な効果は得られます。

ネットでも書籍でもSEOに関する教材はたくさんありますから、それらを使って勉強すれば6ヶ月程度で、初級中級レベルの施策であれば適切に実施できる知識を身に付けられます。MBAの勉強などと比べても学ぶべき領域を限定すれば短期で身に付けられます。

そしてデジタルマーケティングの取り組みは、コツコツと積み重ねていくことで効果を実感できるものでもあります。かつてネットがない時代には、営業マンが足を使って1件1件訪問し、商談を重ねて販売につなげていました。現在ではその活動がオンラインに代わっただけです。

デジタルマーケティングでもコツコツと努力をすることで少しずつ効果が現れ、大きな成果となって実を結びます。デジタルマーケティングも継続的に地道にやる会社が勝つということです。

②お金がすごくかかりそう

デジタルマーケティングに取り組むには、自社でやる方法と、外注する方法があります。外注すればそれなりにお金はかかります。

ただし、先ほども説明したように、デジタルマーケティングはコツコツと継続的にやるという前提であり、時間がかかります。

自社の担当者や経営者がデジタルマーケティングに費やす時間はタダではなく、人件費として考える必要があります。例えば、月100万円の報酬を得ている経営者がホームページの制作に1ヶ月分の時間をかけたら、その費用は100万円ですよね。これが外注することで80万円に収まるのであれば外注した方が得策です。金額が安いだ

けでなく、品質もいいものになるでしょう。

　不慣れなデジタルマーケティングは専門家に任せて、自分たちは
自分たちにしかできない、顧客とのコミュニケーションや新たなサー
ビスの開発などに力を注いだ方がビジネスの成長には得策です。

　したがって疑問②に対する答えは、「外注すれば確かにお金はかか
る。でも総合的に見ていい結果になる」です。

③お金をかけなくてもできそう

　②とは正反対の疑問になりますが、これもまた真実です。お金を
かけずともできる施策はいろいろあります。例えばホームページの
制作や広告の出稿にはお金がかかりますが、TwitterやFacebookな
どのSNS運用は基本的にお金をかけずに実施できます。お金がかか
る施策、かからない施策にそれぞれに取り組めばいいと思います。

　ただし、それも時間との兼ね合いです。例えば経営者がTwitter
やブログを情報発信しているケースがありますが、中長期な視点な
らともかく、短期間でユーザーを集めるためにやっているのならば
よい選択とは言えません。ユーザー集めは広告に任せて、自身は経
営のもっとコアな部分に注力した方がいいのではないでしょうか。

　中小企業のリソース（人、時間、お金）は限られています。変化
の速い現代において、特に時間は貴重です。最終的に**売上につなが
る施策は何かを冷静に判断して、余計な施策は捨て、効果の上がる
施策に集中して取り組むこと**が大事です。

④何から始めればいいかわからない

　Twitterが流行ったと思ったらInstagramが登場し、さらには
TikTok、Clubhouseなど、次々と新しいSNSが登場しています。
SNSに限らずデジタルの分野では新たなサービスが雨後の竹の子の

ように出現します。「どれから始めればいいのかわからない」と考えてしまうのは仕方がないことです。この疑問については本書を読み進めれば解決するはずです。

　「次々と新たなものが出てくるので、始めた後に流行が終わってしまうのが心配」という人もいるでしょう。しかし手法は移り変わっても、マーケティングの本質は変わりません。ユーザーが求める情報・コンテンツを、求めるタイミングで提供するという点はいつの時代も同じ。この根本を理解してノウハウを積み重ねれば、提供するサービスが変わったとしても応用は利きます。

⑤専任担当者がいないとできない

　結論からいえば、専任担当者は置くべきです。先ほども説明したように、デジタルマーケティングにおいては継続的な取り組みが大切です。兼任担当者が週に1回だけで……といった片手間な取り組みでは効果が出にくいです。

　ただし、経営者や社員が専任になる必要はありません。施策の実行は外部のパートナーに任せればいいのです。外部のパートナーにもいろいろな種類があります。代理店、制作会社、フリーランス、いろいろな専門人材を必要に応じて活用し、社内には責任者やディレクターとしての担当者を置けば済む話です。

　大企業でマーケティングを担当している副業人材を、時間単位で活用できるようなサービスもあります。そういったサービスを利用して、高度な外部人材をアサインすることで、強力なマーケティングチームを形成することが可能です。

　社内に担当者がいない事を理由にデジタルマーケティングの実践を後に回すのではなく、外部の人材でもジョブ型雇用でも雇用形態に囚われずに少しでもデジタルマーケティングを実践する、マーケットのニーズに対応するという考え方が重要なのです。

簡単に実践できるDX時代のデジタルマーケティング

デジタルマーケティングをはじめるには、何から準備するべきなのでしょうか？ 現状を見据えて、他の会社で行われている施策の特徴や考え方、人材の選び方など基本的な知識を解説していきます。

02-01

簡単に実践できるDX時代の
デジタルマーケティング

デジタルマーケティングは
無料の情報を使ってすぐに実践できる

10年前のWebマーケティング業界

　デジタルマーケティングのなかでも特にしくみやノウハウが整っているのが、Webマーケティングの分野です。これまでデジタルマーケティングに取り組んでいない企業が実践するなら、まずはWebマーケティングから始めるのがいいでしょう。

　私がWebマーケティング支援会社デジタルアスリートを設立した2010年頃は、Webマーケティング施策は今ほど種類がなく、関連する情報もあまり出回っていませんでした。
　当時、企業にとって主流のWebマーケティング手法といえばSEO対策と検索連動型広告でしたが、Googleの検索連動型広告を利用するにしても、まだ情報の網羅性が低く、Googleのサポート窓口も公式ヘルプページもほぼ機能していませんでした。現在のようなWebマーケティング会社のような専門家はともかく、中小企業や一般の方が正しい使い方を知ることは難しかったといえます。

今や豊富な情報が無料で手に入る時代に

　ひるがえって昨今ではどうでしょうか？　Web広告はもちろん、SNS運用に関しても、しくみはきちんと整っています。サポート窓

口に連絡すれば親切に教えてもらえますし、公式のヘルプページも充実しています。書籍はたくさん出ているし、ネットで検索するだけでもたくさんの有益な情報を得られます。

　今現在、YouTubeで、「Google広告」と検索してみてください。Google公式のトレーニング動画をはじめ、さまざまな専門家が解説する動画を見つけられます。

YouTube検索、Google検索だけでも豊富な情報が！

YouTubeで「Google広告」と検索した結果。長橋が製作した動画も上位に表示されています。

私たちWebマーケティングの会社が10年前に、お金をもらってお客様に教えていたようなノウハウが、YouTubeを使ってタダで手に入れられるようになっています。しかもそこで提供されている情報のクオリティーはどんどん上がっています。

　これからWebマーケティングを始める人が情報収集の面で困ることはありません。「社内に専門家がいないからできない」「知識がないからできない」などと尻込みする必要はないのです。

コンサルタントも二次情報を収集し、一次情報にしている

　デジタルマーケティングのコンサルタントも、ネットや書籍から情報を収集し、実践することで自分のものにしています。

　ネットや書籍にある情報は「二次情報」なので、価値が低い、信頼性が低いと考える人もいますが、そうとは限りません。二次情報を活用して自分で実践すれば、それは一次情報になるからです。

　例えば当社のようなデジタルマーケティング会社は、クライアントの「新たに出てきたSNSを活用したい」というニーズに応える必要があります。その際、自社に知見がないからと外部の専門家に一からすべてを教えてもらうかといったら、そんなことはしません。

　どうするかといえば、まずネットで検索して情報収集します。専門性の高そうな人が発信している情報をたくさん集めて、共通項をとらえ、「こうすればうまくいきそうだ」と予測を立て、それを自ら実践します。その結果、うまくいく方法とそうでない方法が見えてきます。ここで蓄積したノウハウはすでにオリジナルの一次情報です。この一次情報を使ってお客様のデジタルマーケティングをサポートしていくことになります。

　デジタルマーケティングの専門家ではない中小企業もこれと同じように、情報を収集して実践しながらノウハウを蓄積していけばいいのです。

一次情報と二次情報　自分が直接体験して得た情報を「一次情報」、人から聞いた情報を「二次情報」という。一次情報の方が、独自性・信頼性が高いために価値ある情報といえる。

小さな会社はロールモデルを見つけ
観察・分析し、実践しよう

担当者1人でも成果は出せる

　デジタルマーケティングの活用が上手な中小企業をたまに見かけます。そのような企業には多くの専門家が在籍しているのかと思うかもしれませんが、そうとは限りません。前項で説明したように、社内の担当者が初歩の情報収集から始め、コツコツとノウハウと蓄積し、その結果として大きな成果につなげているケースも多いのです。

　例えばFacebook広告の運用なら、月額1000万円使っている広告主も、30万円使っている広告主も、担当者は1人ということも珍しくありません。複数人でチームを組んで運用するケースもありますが、Facebook広告のような管理工数のかからない広告媒体なら1人でも十分。それも、ネットから得た情報を参考にするだけで始められます。

　Twitterの運用も同様です。専門家も含めて多数の人が、さまざまなレベルのノウハウ情報をネットで公開しています。その情報をもとに実践し、改善を繰り返していけば着実に成果は出てきます。

YouTubeチャンネルに一から取り組んで成果を出した例

　YouTubeによる情報発信に取り組む企業は増えていますが、当社もいくつかのYouTubeチャンネルを運営しています。そのひとつは

「GOLFavo（ゴルファボ）」。その名の通りゴルフをテーマにし、上達方法を動画で解説しているYouTubeチャンネル（ウェブメディアも展開）です。2021年7月現在の登録者数は18万人、最も再生回数の多い動画は165万再生ですから、そこそこの規模のチャンネルといえます。

デジタルアスリートが運用する「GOLFavo」

「GOLFavo」のYouTubeチャンネルとウェブサイト

　「GOLFavo」チャンネルを運用することで、YouTubeから月額100〜200万円ほどの広告収益が入ってきます。その他に「GOLFavo」のウェブサイトで、取得した顧客リストを活用してゴルフグッズやゴルフ場の情報提供を行うなどして収益につなげています。

　このGOLFavo事業、かなり大規模にやっているかのように見えて、実は1人の担当者が運営しています。動画の編集など時間のかかる作業は外注していますが、企画も演出も、動画に登場するゴルファーへの交渉も、すべて1人の担当者がカバーしています。

その担当者は、最初からYouTubeチャンネルの運用を得意としていたわけではなく、デジタルマーケティングの知見もほぼありませんでしたが、ゴルフに対しての知見があったので任命されました。

彼はネットにある二次情報を参考に初歩からスタートして、少しずつYouTubeチャンネルを育ててくれました。未経験から初めてもここまでできるということです。

ロールモデルを見つけ、参考にする

デジタルマーケティングの運用を行う時にぜひおすすめしたいのが、ロールモデル（模範）を見つけてよく観察することです。同業他社、あるいは類似業種で、デジタルマーケティングが上手なところを見つけ、定期的にリサーチして、その良いところを真似するようにしましょう。

先ほど紹介した「GOLFavo」にも、ライバルのゴルフ系YouTubeチャンネルはいくつかあります。当社としてはその動向を常にチェックしています。

他社を参考にしつつ、他社をなるべく上回るようなものを作るように心がけます。こうして少しずつロールモデルを上回る取り組みを実践していくことで、将来的には追いつき、追い越すことを狙います。

ライバルの施策が目に見えてわかりやすいのがデジタルマーケティングの特徴です。同業他社がどのようなデジタルマーケティングをしているのか分析し、自社の施策に役立ててください。

👆 アドバイス

ロールモデルのどんなところをチェックする？

例えばYouTubeなら、動画の内容（長さ、編集方法、出演者など）、動画の公開頻度、ウェブサイトや他のSNSとの連携などを参考にします。他社の更新頻度が自社よりも多いのなら、他社と同じか、それ以上の頻度で更新するといった対策を考えましょう。

簡単に実践できるDX時代の
デジタルマーケティング

デジタルマーケティングの
優先順位を決めよう

中小企業がまず取り組むべき施策は？

　デジタルマーケティング、Webマーケティングにもいろいろな手
法があるなかで、何から取り組んで行けばよいでしょうか。

　大企業であれば同時並行でいろいろな施策に取り組めばいいので
すが、中小企業にはそれができません。優先順位を付けて取り組ん
でいく判断が必要です。その優先順位を決めるのに参考になるポイ
ントをまとめたのが右の表です。

 顕在層・潜在層　顕在層は明確な目的を持っている層。潜在層は今すぐではないが、ニー
ズが合えば購入などを考える層のこと。

優先順位を決めるのに必要な判断軸※

> Web広告は
> 即効性がある
> が常に広告
> 費がかかる

	施策	対象 ユーザー	一般的な 使い方	即効性	拡張性	ランニング コスト
Web マーケティング （デジタルマーケ ティングに内包）	Web 広告	顕在層	今すぐ顧客の獲得	◎	△	広告費
	SEO 対策	顕在層	今すぐ顧客の獲得	△	◎	サーバー 管理費
	SNS	潜在層、 ファン層	認知拡大、 ブランディング、 新規顧客獲得	△	◎	なし
デジタル マーケティング （Webマーケティ ングを含む概念）	CRM	見込み層、 既存顧客	顧客教育、1 to 1コ ミュニケーション	○	○	ツール 利用料
	AI	見込み層〜 既存顧客	分析やアウトプット の自動化	○	△	ツール 利用料
	MA	見込み層〜 既存顧客層	1 to 1コミュニケー ションの自動化	○	△	ツール 利用料

※ Webマーケティングとデジタルマーケティングは20ページのマーケティング関係図のように関係しあっ
ている。

◎Web広告　即効性はNo.1

　Web広告の主な対象ユーザーは、商品ジャンルへの興味・関心が高く、「今すぐ欲しい」と考えている顕在層です。こうしたユーザーにアプローチをかけていくのがWeb広告の正しい使い方です。即効性があるので、「すぐに注文が欲しい」という企業はWeb広告から取り組んだ方がいいといえます。

　ただ、拡張性は「△」です。これは、広告費を増やしても、それに従って効果が上がるとは限らないという意味です。広告費を使って広告の露出を増やせば、見込みの薄いユーザーにもアプローチの範囲を広げることになるからです。

🔍 **見込み層・ファン
層**　見込み層は情報収集している段階の層。ファン層はこの商品や分野を気に入っている層

また、広告を出し続けるには当然ながらコストがかかります。広告費を止めれば、効果もなくなってしまいます。

◎SEO対策　軌道に乗れば効果は大きい

SEO対策の対象ユーザーは潜在層〜顕在層です。自社サイトやオウンドメディアに必要な情報を盛り込み、検索結果に表示されやすくすることで、ユーザーの獲得を狙います。即効性は「△」。良質なコンテンツを作ったとしても、すぐに効果が現れるものではないからです。例えばオウンドメディアなら、記事を1日1本投下しても、アクセスが集まり始めるまでに早くて半年、遅くて1、2年はかかります。

その代わり、軌道に乗り始めると効果は大きくなります。ランニングコストをあまりかけずに、何十万、何百万のPV（ページビュー）を集めるような大規模なサイトに成長させることも可能です。

そして一度構築してしまえば、長期にわたって集客し続けてくれるのもSEO対策のメリットです。

◎SNS　ファンに対してはブランディング、新規の掘り起こしも

SNSが対象とするのは、潜在層とファン層です。潜在層に対しては認知拡大や新規顧客獲得、ファン層に対してはブランディング（よりファンになってもらう）に効果を発揮します。

TwitterにしてもYouTubeチャンネルにしても、PRでの即効性は低いといえます。例えばYouTubeチャンネルなら、相当数のチャンネル登録者数を獲得しないと、売上に繋がるほどのアクセスアップは見込めません。毎日動画を投稿して半年か1年は、反応が上がらないこともあり得ます。

ただし、SNSも、一度ユーザーを獲得してファンが増え始めると、ファンが情報を拡散してくれて、勝手に露出されやすいコンテンツになっていきます。

PV（ページビュー） 特定のページが表示された回数のこと。Webサイトへのアクセス数を測る指標のひとつ。

ランニングコストについては、動画の編集や撮影などを除いて基本的に無料です。

◎CRM、AI、MA　Webマーケティングと併用で使う

次にデジタルマーケティング領域のCRM、AI、MA（マーケティングオートメーション）ですが、これらはユーザーを集客するための施策ではなく、Web広告やSNSなどと併用して使うツールです。

例えばCRMなら、Web広告を使って得た見込み客の情報を取り込み、1 to 1コミュニケーションや顧客教育のために使います。これは即効性もあり拡張性も備えているツールといえます。

AIの分野には、分析やアウトプットの自動化に活用できるツールがあります。それらを活用することで、デジタルマーケティング施策の効果向上を図ります。

MAはCRMを自動化し、手間のかかる見込み客の育成や1to1コミュニケーションを促進してくれます。

デジタルマーケティング施策の多くは、新規顧客・見込み顧客の獲得よりも、集客の支援や、その後の顧客管理を自動化するツールとして活用するもの。新規集客の流れを作れなければ、CRMやAI、MAなどは使う場面がありませんから、まずはWebマーケティングの施策から新規集客の流れを作り、その後、必要に応じてデジタルマーケティングの各ツールの利用も検討するといいでしょう。

アドバイス

デジタルマーケティングはアクセスアップが最低限必要

デジタルマーケティングに取り組もうにも、自社サイトに訪れる新規顧客が少なければ売上アップに繋げる事はできません。
まずは、意識的に自社サイトにユーザーを集めるWebマーケティング施策から実施していくことがポイントです。

🔍 **1 to 1コミュニケーション**　多くの人を対象とした画一的なコミュニケーションではなく、顧客一人ひとりに対して最適なコミュニケーションを行うマーケティング活動のこと。

デジタルマーケティングは新規顧客を増やすことから始める

　デジタルマーケティングは新規集客の絶対数で効果が大きく変わります。新規顧客をどう集めるかから論点が始まるケースが多いです。

　新規集客の活動は、次の図のようにアーンドメディア、オウンドメディア、ペイドメディアといった3つのメディアに分類されます。

新規集客における活動はトリプルメディアに分類される

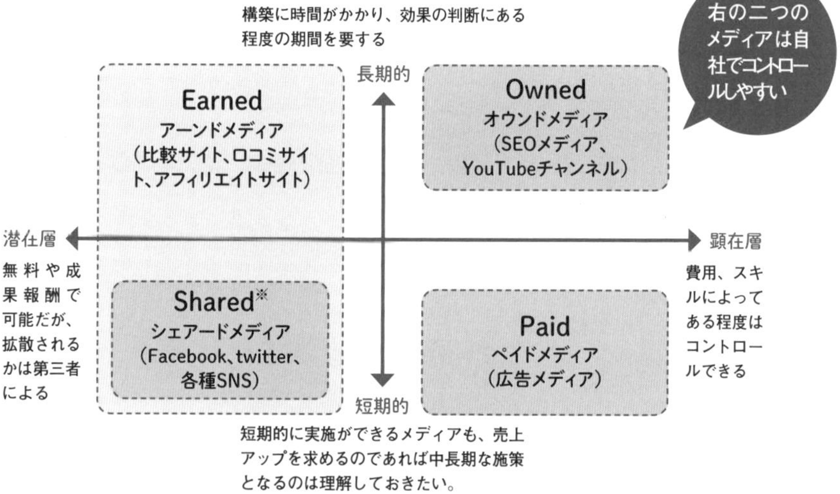

構築に時間がかかり、効果の判断にある
程度の期間を要する

右の二つの
メディアは自
社でコントロー
ルしやすい

長期的

Earned
アーンドメディア
(比較サイト、口コミサイ
ト、アフィリエイトサイト)

Owned
オウンドメディア
(SEOメディア、
YouTubeチャンネル)

潜在層 ← → 顕在層

無料や成
果報酬で
可能だが、
拡散され
るかは第三者
による

Shared※
シェアードメディア
(Facebook、twitter、
各種SNS)

Paid
ペイドメディア
(広告メディア)

費用、スキ
ルによって
ある程度は
コントロール
できる

短期的

短期的に実施ができるメディアも、売上
アップを求めるのであれば中長期な施策
となるのは理解しておきたい。

※シェアードメディアも、消費者の口コミを期待するのではなく、継続的にコンテンツをアップするオウン
　ドメディアのような扱い方も増えてきている。

　左側の「アーンドメディア」とは他社のメディア。例えば比較サイトや口コミサイトに、自社の情報を載せるということです。アーンドメディアのうち「シェアードメディア」とはSNSなどのユーザーにシェアしてもらうためのメディアを指します。

　右側の「オウンドメディア」は、自社が所有するメディア、つまりオウンドメディアやブログのことを指します。「ペイドメディア」

🔍 **顧客教育**　　顧客側が自分の問題を認識できるように問いかけるアプローチのこと。

とは広告費を使って掲載するメディアのこと。Web広告（検索連動型広告やバナー広告）のことを指します。

　これらのうち、左側のメディアは自社が自由にコントロールできないことも多いため、不確実性が高いといえます。反対に右側の二つは、コントロールできる範囲が広く地道に取り組むことで確実に成果が出せるメディアです。したがって、確実性が高い右側の二つからまず取り組むべきでしょう。

消費者の購買プロセスから考える

　さて、前述のトリプルメディアのいずれかを実施するわけですが、それを考える前に消費者がどんな購買心理プロセスをたどっているのかを考えましょう。そのプロセスに沿ったWebマーケティング施策を展開しなければ効果的な施策にはなりません。

　購買心理プロセスのモデルには1章の01で提示した「AISAS」以外にもいくつかありますが、そのひとつにインターネット検索が主流だった時代の2005年にアンヴィコミュニケーションズによって提唱されたのが「AISCEAS（アイセアス）」という心理プロセスです。

　ユーザーはインターネット上で、バナー広告やSNSを見て、商品・サービスに注目し、興味を引かれます。その後、商品・サービスに関する情報を検索して、比較・検討します。その際、商品・サービスを販売している会社のサイト以外の、例えばSNSや比較サイトでも情報収集します。そして最後に、ECサイトで購入し、気に入ったらSNSでシェアするという行動を取ります。

　このような購買心理プロセスのなかで、ユーザーはさまざまなメディアに触れ、商品・サービスを比較検討しているわけです。したがって企業としては、できるだけ網羅的に各種施策に取り組んだ方がいいことは確かです。ただそれはリソース的に難しいので、まずはポイントを絞ってひとつずつ取り組んでいくことが現実的です。

インターネット時代の購買心理プロセス「AISCEAS」

AISCEAS

Attention （注目）	Interest （興味）	Search （検索）	Comparison （比較）	Examination （検討）	Action （行動）	Share （共有）

A I S C E A S

Web バナー広告
キュレーションサイト
SNS

オウンドメディア
ランディングページ
比較媒体など、自社以外のメディアの掲載

EC サイト
購入者特典
SNS

　SNSが主流になった現在においては、新しい購買心理プロセスも提唱されています。それがスタートアップで数々のサービスやメディアを立ち上げた飯髙悠太氏の著書『僕らはSNSでモノを買う』に記載の株式会社ホットリンクが提唱するULSSAS「ウルサス」です。

　SNS時代のユーザーは、SNS内で商品・サービスを認知すると、まず「Like（いいね！）」などのポジティブな反応をします。

　その後、SNSとGoogleでそれぞれ検索して、商品・サービスの情報を調べ、購入し、結果をSNSでシェアするという流れになります。つまりTwitterやらYouTubeやらで情報を見つけてからアクションし、またそのSNSに戻ってくる傾向があるということです。

　ちなみに私自身は現在30代後半ですが、SNSよりもGoogle検索に慣れている世代です。一方で若い社員などを見ていると、確かに「ULSSAS」型の行動をしているなと感じます。

　こうした購買心理プロセスを参考にするならば、やはりSNSへの

取り組みは大切ですし、その際どのSNSを選ぶかが重要な判断になってきます。ユーザーの性別・年齢・興味関心によって、メインで使われるSNSも細分化しているからです。

　ただ前述の通り、SNSは即効性が低く不確実性が高いメディアなので、2021年時点での優先順位としてはWeb広告やSEO対策の次の段階と判断してもいいのではないかと思います。

SNS時代の購買心理プロセス「ULSSAS」

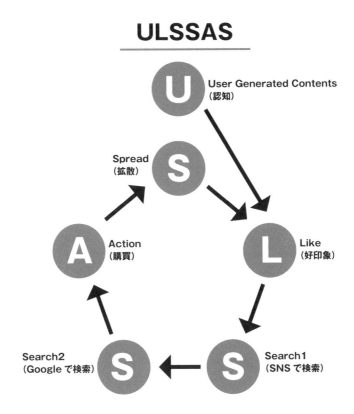

新規顧客を集めるには
魅力的な一次コンテンツが必要

各媒体に合わせた一次コンテンツが必要な時代に

　SNS時代となり、デジタルマーケティングは人・モノ・金がそろった大手企業にとって有利な状況になってきています。前述の通り、ユーザーはひとつの媒体だけを使うわけではなく、検索したりSNSを見たりと横断的に情報収集を行うため、それに対応して網羅的に施策を展開したが高い効果を得られるからです。

　例えば私の会社では「Webマーケティング講座」を販売していますが、従来はひとつのサイトを作って、そこに各媒体からアクセスを集めるだけで申し込みを獲得することができました。しかし最近では「ULSSAS」型の購買行動を取る人が増えているため、そう簡単にはいかなくなっています。

　次の図のように、Facebook、YouTube、Twitterなど、SNSや媒体に合わせたデジタルコンテンツで興味を引き、そこからサービスサイトへ誘導するというように、ワンクッションをはさんだ設計にした方が、効果が上がるようになっており、それだけにこれらのコンテンツの存在が必要になってきています。

　このワンクッションはさんだコンテンツを「一次コンテンツ」と言います。

消費者の購買プロセスが変われば、構築するデジタルマーケティングの在り方も変わるので消費者のニーズや購買プロセスを捉える事は重要な視点なのです。

複数の媒体を活用したマーケティング戦略の例

各ユーザーはそれぞれのサイト（一次コンテンツ）を経て、目的サイト（サービスサイト）に到達する

中小企業が勝つにはコミュニケーション

　一次コンテンツが重要な理由はもうひとつあります。

　それは、顧客とのコミュニケーションです。商品・サービスの開発力では中小企業は大企業に勝てません。しかし、顧客とのコミュニケーションなら大企業に勝つことができます。顧客とのコミュニケーションとは、問い合わせ対応やサポートなどはもちろん、情報提供のことも指します。購入を検討している顧客に対して、良質な情報を適正頻度で提供することで、大企業より選ばれやすい存在になることも可能になるのです。

　例えば、「吸引力の変わらない、ただひとつの掃除機」とのキャッチコピーが有名なダイソンの掃除機があります。ブランディングに成功した大企業の事例といえますが、実際に商品の購入を検討する見込客にとっては、公式サイトの情報が多くないという不満があります。また、私自身がこの掃除機を使った感想としては「バッテリーの稼働時間が短い」です。これらの情報も公式サイトの情報ではわかりにくくなっています。そこで見込み客はネットで検索したり店頭で店員に話を聞いたりして情報収集するわけです。

　もちろん不安な点も検索しますから、良い口コミも悪い口コミも閲覧することになります。人間は迷ったら行動しない生き物ですので、悪い口コミを見つけた見込み客は離脱していきます。

　そういった大企業のウィークポイントを逆手に取って、中小企業は自社の商品・サービスについて包み隠さず情報を提供することで、見込み客にとってより親切な会社になることができます。

　情報提供する媒体は、ホームページでもSNSでもYouTubeでも、電子書籍でもメルマガでも何でも構いません。オンラインセミナーも有効です。それらの手段を使って、自社商品の良い点はもちろん、

他社よりも劣る点も正直に伝えることで、あなたの会社の商品サービスにとって本当にマッチした顧客を掴むことができます。

　顧客とのコミュニケーションに有効な各種デジタルサービスの具体的な作り方については、第3章以降で詳しくお伝えしていきます。

外部のコンサルタントに依頼する
だけではうまくいかない理由

デジタルマーケティングの専門家は業界の専門家ではない

　ここまでの説明で、「デジタルマーケティングは難しそう。もう外部のコンサルタントとかに任せよう」と考えた人もいるかもしれません。それもひとつの手段ではありますが、外部のコンサルタントにすべて丸投げではうまくいかないと考えてください。なぜなら、コンサルタントはデジタルマーケティングの専門家であっても、あなたの会社が扱っている商品・サービスの専門家ではないからです。

　昨今ではあらゆる会社があらゆるデジタルマーケティング施策に取り組んでいます。その状況で勝ち残るには、優先順位の高い施策に集中的に取り組み、ライバルよりも質の高いコンテンツを提供していくことが大切になっています。

　質の高いコンテンツを作るには、商品・サービスについて深く理解する必要があります。あなたの会社の商品・サービスにどんな魅力があって、デメリットはどこで、他社との差はどこにあるのか、最新の市場環境は……、そういったことを理解しているのは、他ならぬ自分たちです。外部のコンサルタントにそこまで期待することはできません。

　外部のコンサルタントに依頼するにしても任せっきりにするのではなく、二人三脚で取り組む姿勢が大切になってくるのです。

【事例解説】二人三脚でユーザーに選ばれるコンテンツを作る

　事例で説明しましょう。下記は当社が制作をお手伝いしたWebサイトの事例です。現場・技術系資格取得のサポートをしている会社のオウンドメディアです。

自社の知見を生かして情報発信している例

現場・技術系資格専門のサポートサイト「SAT」
(https://www.sat-co.info/)

　例えば当社が支援しているこのサイトには、「危険物取扱者の種類と人気資格「乙4」とは？　約1ヶ月で取得するための勉強方法」という記事があります。複数ある危険物取扱者試験の中でも、多くの仕事に直結しやすい需要の高い人気資格「危険物取扱者 乙種 4類」の取得方法や取得のメリット、資格を取るための勉強方法を詳

しく説明しています。ライターに依頼してもこのような最新の知見を盛り込んだ専門性の高い記事を制作してもらうことは難しいものです。

　もちろん、ネットや書籍などから二次情報を拾ってきて、それらしいコンテンツに仕上げることはできます。しかし、それはあくまでも二次情報の寄せ集めであり、最新の事例も専門家ならではの見解も含まれていません。結局、価値の低い「どこにでもあるコンテンツ」になってしまいます。

　価値あるコンテンツにするには、専門家や実践者の情報・知見を生かした一次情報を含めて記事を構成する必要があります。

　現場・技術系資格専門のサポートサイトの「SAT」の場合ですが、当社ライターが記事を執筆し、それを「SAT講師」に追加執筆してもらい、逆に「SAT講師」が書いた記事を当社ライターがリライトして、SEOに評価される記事に仕上げるという共同作業で成果を上げています。

　なかには、デジタルマーケティングに強いだけでなく、特定の業界の情報にも精通しているライターやコンサルタントはいます。ただ、そういった希少性の高い人材には仕事が殺到するので、費用が高く納期も遅くなる傾向にあります。やはり現実的に考えると、Webマーケティングなどデジタルマーケティングの専門家によるサポートを依頼しつつ、コアな部分では自社の担当者も知恵を絞り、二人三脚で作るというやり方がベストなのではないでしょうか。

　お金をかけてコンサルタントに丸投げすればデジタルマーケティングが成功する時代ではなくなっていると理解してください。

社内からデジタルマーケティング人材を選定する際の注意点とは

ITに詳しい人を選ぶべきではない

社内でデジタルマーケティングの担当者を決める時、どんな人材が向いているでしょうか？　インターネットに詳しい人を選定するだけでは不十分です。私は次のような人が向いていると考えています。

◎商品・サービスに詳しい人
◎業界動向に詳しい人
◎ユーザー（お客様）に詳しい人

デジタルやWebに詳しい人は、外部にもいます。しかし、あなたの会社の商品・サービスを使うお客様に詳しい人は、社内にしかいません。

そこを勘違いして、「WebやITに詳しそうだから」といった理由で、新入社員などをデジタルマーケティングの担当者に据え、外部のコンサルタントとの窓口にしてしまうケースも多いように思います。コンサルタントが商品・サービスの詳細やお客様の属性、業界のトレンドなどについて質問しても、そのような担当者が的確に答えられるとは限りません。これでは有益なマーケティング施策を展開していくことはできないでしょう。

「お客さんのニーズは一昔前と比べてこう変わった」「自社商品は
ライバル商品を比べて、ここに強みと弱みがある」「業界全体でこう
いうトレンドにある」「来年、法律が変わるのでこんな対応が必要」
といった、その業界に属していなければわからない内容を担当者が
説明できれば、コンサルタントもそれらの情報に合わせたコンテン
ツの作り方を提案できます。

　そのような自社の状況や業界の情報を提供できない段階でコンサ
ルタントに頼んでしまうと、コンサルタントは市場調査から始めな
ければならず、時間もコストもかかります。

　したがって、デジタルマーケティングの担当者にするなら、ITに
詳しい人よりも、商品・サービス、顧客について詳しい現場の営業
担当者もしくは経営者自身が適切といえます。

自社の担当者と外部の専門家が強みを持ち寄る

自社の担当者

●製品・サービスに詳しい
●業界動向に詳しい
●ユーザー心理に詳しい

コンサルタントなど
外部の専門家

●デジタルマーケティングの
　各種施策に詳しい

価値あるコンテンツを
効果的・効率的に提供できる

デジタルマーケティングだけでは差別化が難しい時代

　デジタルマーケティングの力だけで商品の差別化を図ることが難し
い時代になっていることも、社内担当者の存在が重要な理由のひ
とつです。

私は10年以上デジタルマーケティングに携わっていますが、数年前までは、他社と比べて取り立てて優位なところがない製品でも、キャッチコピーなどの表現を工夫することによって、ユーザーに選ばれることができました。しかし昨今では、景品表示法などの消費者保護の規制が厳しくなり、過剰な表現、誇張した表現は当然のこと、誤認識を与える可能性がある表現もできなくなっています。商品・サービスの実態をありのままに表現したマーケティングを行わなければ、ユーザーの信頼を失うことにもなりかねません。

　では、どこで差別化を図るかというと、商品・サービスそのものです。商品・サービスそのものをユーザーニーズに合わせてアップデートすることができればベストですし、できない場合でも見せ方や売り方など総合的にライバルより選ばれるサービスにしない限りは成功は遠のいてしまいます。

　消費者が求める商品・サービスを適切なマーケティング方法で伝えていくことで売上となって返ってくるのです。

　また、商品やサービスそのものにも改善の手を入れる必要性が出てきているのであれば、デジタルマーケティングの人材に適しているのはやはり、IT に詳しいだけの若手や新人ではなく、経営者や現場の責任者ではないでしょうか。

🔍 **景品表示法**　本来起こりえない効果を偽ったり、得られる結果を過大に表示したりといった「虚偽・誇大広告」から消費者を守るための法律。正式には、不当景品類及び不当表示防止法という。

自社でデジタルマーケティング人材を育成できる企業とできない企業の違い

　デジタルマーケティングに取り組む際、外部の専門家と組むことをおすすめしてきましたが、それでもその中心となる自社のマーケティング担当者の育成は重要です。社内担当がすぐ転職してしまうなど、担当者が定着しない企業においては、コツコツと進めるデジタルマーケティングの特性上、プロジェクトが上手く進まないことが多くあります。

　一から育てるよりデジタルマーケティング人材を中途採用するのが手っ取り早いのですが、現実には非常に難しいといえます。経験豊富な人材は採用市場で取り合いになっている状況だからです。

　そこで、未経験人材を採用して育成していく方が確実といえます。当社も80名ほどの組織ですが、ほぼ100％未経験人材を採用し、専門家に育成しています。

　未経験者をデジタルマーケティング人材に育成するにあたって大事なことは、とにかくたくさん実践できる環境を与えることです。

　例えばデジタルマーケティングに毎月100万円の予算をかけられる会社と、半期で10万円の予算しかかけられない会社では、実践できる量は明らかに後者の方が少ないです。

　実践量が少なければ知識もノウハウも身につきにくいのが現実です。したがって、本気で自社内にデジタルマーケティング人材を育てるのなら、将来に向けた投資と思ってある程度は予算を確保する必要があるでしょう。

でもこれは、デジタルマーケティング人材に限ったことではありません。新卒社員を営業マンとして育成する時、入社してから半年間、契約が取れなかったからといってクビにすることはありません。長い目で見て、ちゃんとした戦力になるまでじっくりと育てていくはずです。そしてその間の人件費は、将来への投資だと割り切るのが普通の考えです。

デジタルマーケティングに関しても、すぐに成果が出るものではありません。ある程度の期間と費用をかけて、じっくりと取り組める環境を用意してあげることが人材育成のポイントです。

そのような前提がない企業の社員は、デジタルマーケティング人材は人気職種でもあるので、デジタルマーケティングをより学べる環境のある企業へ転職してしまうのです。

今後、IT系の人材不足は確実に訪れます。「転職したら、また他の経験者を雇えばいい」という考え方では、デジタルマーケティングに強い会社にはいつまで経ってもなれないということです。

また人材の育成だけでなく、デジタルマーケティングへの取り組み自体も同様です。成果が出ないからといってすぐに止めてしまっては、いつまでたってもマーケティングに強い会社になることはできません。DX時代、デジタルマーケティングの必要性がますます高まっていることを認識して、コツコツとした積み重ねで会社のマーケティングレベルを高めていくことに努めてください。

目的に合わせて
適切にデジタルマーケティングを設計!

この章からいよいよデジタルマーケティングの実践に入ります。まずやるべきことは、顧客の購買行動を客観的に捉えた「カスタマージャーニーマップ」を作ることです。また、有効な施策を判断できる「マーケティングファネル」を作成します。それらを元にして成功と言える目標をこの段階で決めていくのです。

目的に合わせて適切にデジタルマーケティングを設計！

最新のデジタルマーケティング手法を
取り入れても成果が出ない理由

「流行っているから」で始めると失敗する

　この章からいよいよ目的に合わせてデジタルマーケティング（特にWebマーケティング）を実施していくための具体的な手順と手法を解説していきます。

　最初にお伝えしたいのは、流行っているからという理由だけで、取り組む集客施策を決めることはやめた方がいいということです。

　新しいSNSが登場するなど、集客施策には流行り廃りがあります。そして、その流行に乗って「ライバル会社がやっているからうちもYouTubeをやろう」「世間で話題だからClubhouseに挑戦しよう」など安易に手を出すケースも多いのです。

　それらの施策がダメなのではありません。どれも手間と時間をかけて継続的に運営すれば成果を出すことは可能です。反対にそれができなければユーザーを集めるのは難しいといえます。

　そこをはき違えてしまうと行き当たりばったりの取り組みになり、結局、成果が出ずに徹底することになります。

【事例紹介】積み重ねて成果を出していく

　多くの企業がデジタルマーケティングに取り組み、日々の積み重ねによって成果を出している時代です。成果を出すためには、優先

順位を付けて、一つひとつに集中的に取り組むべきでしょう。

　継続的な取り組みの重要性を、私の会社が取り組んでいるYouTubeチャンネルを例にご紹介します。

YouTubeチャンネルの取り組み事例

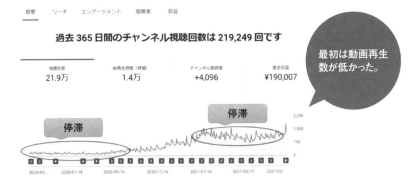

デジタルアスリートが運営する「Webマーケティングが学べる!タベリナチャンネル」。下のグラフは総視聴回数の推移。
https://www.youtube.com/channel/UC6DqUb5XSRqmq8X0YCv8Haw

当社では、動画でWebマーケティングが学べるYouTubeチャンネルを1人の担当者で運営しています。2021年9月末現在で約8000人のチャンネル登録者を集めていますが、スタートしてから約2年でここまでたどり着くには地道な積み重ねが必要でした。

グラフでわかるように、スタートからしばらくは、動画を定期的に投稿しても視聴回数・登録者数が低いままの状況が続きました。そこで、好まれている動画の傾向などを分析して、動画のコンセプトを微修正して、投稿頻度も上げました。すると登録者数は増えていきました。

ターゲットとするジャンルによって視聴回数の伸びは異なります。もうひとつのゴルフチャンネルは3年程度の運営で17万人以上のチャンネルになっているので、属性やターゲットによっても傾向が異なるのがSNSの特徴です。最初の数ヶ月取り組んだだけで「成果が出ない」と諦めていては、どんな施策でもうまくいかないのです。

【事例紹介】Web広告でも堅実な取り組みが成果を上げる

もうひとつ事例をご紹介します。他の会社で広告運用をしていても成果が芳しくなく当社に相談が来たケースです。

広告運用を実施した結果、パフォーマンスはほとんど改善できなかったことからクライアントのランディングページ（LP）に問題点を捉えました。

当社は、既存のLPの問題を分析し、
◎ **商品の見せ方を変更**
◎ **「予防商品」から「解消商品」へと打ち出し方を変更**
◎ **オファー（購入に関する条件）の変更**

この点に配慮して新しいLPを制作しました。リニューアル前後の状況を示したのが、右ページの図の下にあるグラフです。

ランディングページ改善で注文が入るようになった例

【元のサイト】　　　　　　　　　　【リニューアル後のサイト】

リニューアル後注文が入るように

100　■平均クリック単価　■クリックスルーコンバージョン　　10

50

0

【平均クリック単価×クリックスルーコンバージョン（成約数）のデータ】

平均クリック単価（CPC：Cost Per Click）

広告を見たユーザーが1クリックするたびに、何円の広告費がかかったかの指標。例えば広告が2回クリックされ、費用が20円と40円だったら、クリック単価は30円。クリック単価は低いほど広告の費用対効果が高いといえる。

グラフのうち黒いラインは「平均クリック単価」です。これは、ユーザーが1クリックするたびに、広告主がいくら払うかという指標です。赤いラインは「コンバージョン（CV）」、なお、CVは後述でも様々な意味合いで使われますが、この場合は注文数です。

　グラフ前半を見ると、一定の平均クリック単価でクリックを集めているものの、注文ゼロの時期が続いていることがわかります。これはクライアントが用意したLPを使っていた時期です。そしてリニューアル後、途端に多くの注文が入るようになりました。

　デジタルマーケティングで成果を上げるためには、頻度と品質が重要です。つまり、どういう内容のコンテンツを提供するかがポイントです。この事例の場合、ユーザーが求めるコンテンツを盛り込んだLPを作ることで成果を上げられるようになりました。

　私たちがデジタルマーケティングの経験則があるからこのような成果を上げられたと思われるかもしれませんが、実際にはそう難しいことではありません。

　その企業の元々のデータと広告運用のデータを地道に分析し、改善施策を一つひとつ実施した結果なのです。

　Web広告の世界も、実際の見込み客の反応や詳細なデータを分析しボトルネックを解消していくことで全体の歯車がかみ合ってきます。

　自社のデジタルマーケティング構造のどこに問題点があるかを正確に把握し、適切な対処を繰り返し行うことによって、デジタルマーケティングは本来の力を発揮することができるのです。

デジタルマーケティングの成功は、
ボトルネックを適切に捉え、改善を繰り返す工程が重要

それぞれが連動するので、ひとつの要素だけを改善しても売上に繋がらない。全体最適化の視点でひとつずつ改善を繰り返し行うことが重要！

顧客の購買プロセスを適切にとらえる 「カスタマージャーニーマップ」を作ろう

自社が取り組むべきデジタルマーケティングは、 カスタマージャーニーマップから導き出そう！

　さて、第2章の03において、施策の優先順位の考え方と行動プロセスの解説を簡単に行いましたが、デジタルマーケティング施策の最初のステップとして、ぜひおすすめしたいのは、「カスタマージャーニーマップ」の作成です。

　カスタマージャーニーマッブとは、ユーザーが商品・サービスとのかかわりの中でたどる一連のプロセスを視覚化したもの。ジャーニーとは、カスタマーの購買行動における行程（＝顧客体験）を指します。

　カスタマージャーニーマップ作成にあたっては、まず「ペルソナ」（理想の顧客）を設定します。職業・年齢や属性に加えて収入、家族、趣味、好み、困っている内容など、具体的なレベルで理想の顧客像を設定してください。その際、仮説をもとに作ってもいいですし、展示会やセミナー、カスタマーサポートの対応履歴から集めた見込み客の情報をペルソナに当てはめてもいいでしょう。

　次にカスタマージャーニーマップに直接書いてもよいのですが、ゴールともいえる目標（＝顧客に取ってほしい行動）を決めます。購入でなく資料請求や問い合わせでも構いません。また、SNSでの

顧客を想定したカスタマージャーニーマップを作る

Webマーケティング講座に参加する顧客を想定した、簡易的なカスタマージャーニーマップの例。

お名前	山田聡		あなたの役割	会社社長
サイトURL	https://ppc-master.jp/inhouse/			
商品・サービス	Webマーケティングの講座（企業研修）			
ペルソナ	通販ビジネスの社長。独立から3年目。社員3名で年商5000万円。独立当初、Web広告の代行を有名な代理店に依頼したが料金の割には提案や施策が少なく、割に合わなかったので自分で片手間ながら運用している。最近は忙しく全く運用できていない。			
フェーズ	広告運用を自分以外に委託する事を検討する	コンサルや研修できる先がないか検討する	コンサルや研修の中から比較検討する	実際に問合せや面談してみて講座への参加を検討する
タッチポイント・行動	社員に実際に教えてみる	代わりに教育してくれる手段を探す	友人経営者などにも相談してみる	体験講座があるので参加してみる
思考	どう教えたらいいか分からないし、想定よりも時間がかかりそう。	代理店もコンサルしてるみたいだし、セミナーなどもあるぞ。	コンサルは契約期間があるらしい。総額で見ると高いなー。	短期で学べるセミナーの体験に行ってみよう。
情報収集媒体	YouTube	Google、Yahoo!検索	Google検索+FacebookやTwitter、LINEで友人とコミュニケーション	検索広告
検索キーワード	Web広告 教える Web広告 学び方 Web広告 インハウス	Web広告 インハウス支援 Web広告 コンサルティング	Web広告 コンサル費用 Web広告 インハウス支援 期間 ＋ 直接友人に相談	Webマーケティング セミナー Web広告 セミナー リスティング広告 セミナー

理想の顧客像もしくは、見込み客の情報をペルソナに入力する

「タッチポイント・行動」から「思考」を考慮する。つまり、行動によって、思考の変化を考える

Web広告代行会社を探している顧客を想定した、Webマーケティング講座の受講への簡易的なカスタマージャーニーマップの例。

シェアを目標にするのもいいでしょう。自社のビジネスを踏まえて設定してください。

　次にフェーズ以下の項目を決定していきます。横軸には、ペルソナがたどるフェーズを設定します。これはターゲットや商品によっても変わりますが、AISCEAS（アイセアス）による「認知・興味関心」→「検索・比較」→「検討・行動」→「共有」やULSSAS（ウルサス）の理論を使うと良いでしょう。
　以降の縦軸は、各フェーズにそってペルソナの詳しい行動を設定します。縦軸に記入していく項目はフェーズにそったもので、ペルソナの行動に関するものであれば基本的に自由ですが、一般的には次のような項目になります。

◎タッチポイント・行動（SEO、Web広告、SNSなどの接点と、そこでどんなアクションを取るか）
◎思考（ペルソナが感じたことや考えたこと）
◎課題（課題に感じていること）
◎キーワード例（ペルソナが検索するキーワード）
◎施策（自社が取るWebマーケティング施策）

　このようなカスタマージャーニーマップを作ることで、ペルソナがたどる各フェーズにおいて、目標に向かって自社はどのような施策を打てばいいかがわかり、足りない点や改善点を洗い出すことができます。

詳細に作り込まなくてもいい
　ここで示した例はテストマーケティングと併用する簡易的なカスタマージャーニーマップですが、既存ビジネスにてデジタルマーケ

ティングを始める場合はもっと本格的なものになります。（顧客アンケートや顧客データからより具体的に作れる）

とはいえ、詳細に顧客データやアンケートを実施している会社は多くはないでしょう。そんな場合はカスタマージャーニーマップを作りこむよりも、まずは簡易的に作ってみて顧客の動きを捉えることを優先します。

本格的なカスタマージャーニーマップでは、例えばユーザーが情報に接触するタッチポイントとして、検索サイト、LP、SNS、テレビCM、電車広告など多様なものを想定し、ユーザーが取る行動についても詳細に仮説を立てます。

このように詳細に作るのが大変であれば、簡易的なカスタマージャーニーマップで構わないのでまずは作ってみて、「理想の顧客」がどのような購買プロセスを辿るのかを把握します。

カスタマージャーニーマップを緻密に作るのが目的ではなく、今のマーケットのトレンドに合わせて「理想の顧客」がどの媒体、どのメディアで、どのようなコンテンツを好んで閲覧しているかを把握することが目的です。これをもとにデジタルマーケティングの施策を決める上での大きなポイントになります。

少しずつブラッシュアップしていく

カスタマージャーニーマップは、最初の時点では仮説やリサーチで作るものですが、デジタルマーケティングを実施していくとより詳細に顧客像が見えてくるはずです。また、毎年少しずつトレンドも変わっていくので、1年に一回は更新してブラッシュアップしていきましょう。

なお、カスタマージャーニーマップは、主軸となるサービスから作るべきではありますが、商材がいくつかある場合や顧客層が複数いる場合は、それぞれで作るのが理想的です。

　まずはテンプレート（80ページ参照）をダウンロードして実際に作ってみてください。わかる範囲でいいのでシンプルに作ってみましょう。
　また、ライバル会社のカスタマージャーニーマップを作ってみるのも面白いですね。見込客の購買プロセスに対して、各フェーズでどのようなライバルが存在するか、ライバル会社がどのフェーズに力を入れているかも見えるようになり戦略が立てやすくなります。

自社が最も強化すべき施策を探る

　カスタマージャーニーマップを作ると、ユーザーの行動に合わせてさまざまなWebマーケティング施策を実行する必要があることがわかります。（4章以降参照）
　ユーザーの認知・興味関心を獲得するためにSNSを運用し、興味を持ってくれたユーザーにサービスや商品のメリットを理解してもらうためにWebサイトを用意したうえで、SEO対策によって検索時にヒットするように徹底する。最後に購買促進するキャンペーンサイトや決済サイトを用意して、Web広告でユーザーを追跡、購買後はメルマガを発行する……といった具合です。

　すべての施策に取り組むのが理想ですが、実際には一部しか取り組んでいない企業がほとんどです。そうなると、顧客との接点のなかでどうしても抜け漏れが発生します。
　例えば、「YouTubeチャンネルを見て興味を持ったユーザーがGoogle検索したが、Webサイトの情報がYouTubeと連動しておら

ず情報不十分で商品購入をせずに離脱した」といった事態が起こってしまいます。

　全部の施策に取り組むことが難しい以上、こうなるのは仕方がありません。そこで優先順位を付けてまず取り組むべき施策を決めなければなりません。カスタマージャーニーマップを眺めながら、自社が今最も強化すべき施策はどれなのかを決めることが重要な判断になります。

　一方でビジネスであれば、施策にかけられる時間や費用も関わってくることになります。できるだけ早く売上に繋げたいのであれば、売上に直結する施策を選定するべきですし、中長期的に成長させたい事業であれば、直近の売上だけを追うのではなく中長期的な取り組みが必要になります。

　カスタマージャーニーマップはあくまで見込み客の購買プロセスを可視化したものです。最適なマーケティング施策を設計する上では重要な視点ですが、自社の状況や売上計画とも掛け合わせて取るべきマーケティング施策を選定していくことになります。
　次の3章の03においてカスタマージャーニーマップと掛け合わせて考えるべきマーケティングファネルについて解説します。

👆 **アドバイス**

最初から完璧に作り込む必要はない。

カスタマージャーニーマップはとりあえずシンプルに、その後は4章以降後述する施策を実践することで、足りない部分、理解していなかったことが見えてきます。わかっている範囲でつくり、継続的にブラッシュアップしていくことが効率のよい進め方でしょう。

ダウンロードして使えるカスタマージャーニーマップのテンプレート

お名前			あなたの役割	
サイトURL				
商品・サービス				
ペルソナ				
フェーズ	興味関心	検索	比較	検討・行動
タッチポイント・行動				
思考				
情報収集媒体				
キーワード例				

カスタマージャーニーマップテンプレートの
ダウンロードはこちら
https://ppc-master.jp/dxmbook/

・最初は簡易的に顧客の動きを捉えることを
　優先して記入していこう。
・その後バージョンアップして詳細にしていけば
　よい。

目的に合わせて適切にデジタルマーケティングを設計!

マーケティングファネルに基づいて
「短期施策」「中長期施策」を決定しよう

「より多くの見込み客にアプローチ」ではうまくいかない

マーケティングの短期施策・中長期施策を決定するのに有効な考え方に「マーケティングファネル」があります。ユーザーが商品を認知してから購入するまで、各段階のユーザー数の遷移を表した図のことです。

マーケティングファネルの例

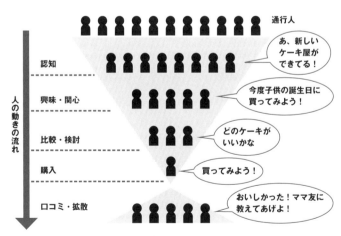

ファネルとは、「漏斗（ろうと・じょうご）」のこと。認知から購入に至るまでの購買行動を示す形が漏斗にそっくりなことから、「マーケティングファネル」として使われている。

この図は、リアルな店舗があるケーキ店を例にしたマーケティングファネルです

認知…店・品物を知る
↓
興味・関心…店・品物に対して欲しい理由
↓
比較・検討…他の店と品物と比べる
↓
購入

このように下に行くにつれてユーザーの数は減るのが一般的なため、こうしたファネル（漏斗）状の図になるわけです。

なお昨今では、購入後に商品・サービスの口コミをSNSで「拡散」するユーザーも多いため、「購入」の後に「口コミ・拡散」として逆向きのファネルが追加されて、ダブルファネルの図式にする場合もあります。

このファネルはどのビジネスにも当てはまり、「今、自社がどこまでデジタルマーケティングを構築できていて、今後どのフェーズの施策に力を入れていくべきか」を考えるのに役立ちます。

例えば、「認知」「興味・関心」などのフェーズにいるユーザーが少ないなら、認知拡大のために有効な施策としてSNSやオウンドメディアを運用する。「比較・検討」してくれる人は多いのに「購入」に至る人が少ないなら、WebサイトやECサイト（販売サイト）の決済機能を見直す、といった具合です。

それぞれの層に合った施策がある

　マーケティングファネル上に、ユーザーが検索するキーワードの傾向や、マッチする施策（媒体）を重ねて示したのが次の図です。

マーケティングファネルと各段階の施策

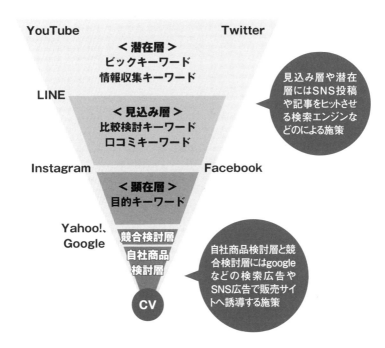

（図中）
YouTube　　　　Twitter
＜潜在層＞
ビックキーワード
情報収集キーワード
LINE
＜見込み層＞
比較検討キーワード
口コミキーワード
Instagram　　　　Facebook
＜顕在層＞
目的キーワード
Yahoo!、
Google
競合検討層
自社商品
検討層
CV

見込み層や潜在層にはSNS投稿や記事をヒットさせる検索エンジンなどのによる施策

自社商品検討層と競合検討層にはgoogleなどの検索広告やSNS広告で販売サイトへ誘導する施策

🔍 **LINE公式 アカウント**
LINEで家族や友だちとコミュニケーションを取るのと同じように、日常に溶け込みながらユーザーと企業・店舗との接点を創出するサービス。企業はユーザーに対してメッセージ配信やチャット、クーポン発行などができる。

ファネルの一番下の「自社商品検討層」は、あなたの会社の商品・サービスを具体的に検討している層、その上の「競合検討層」は競合他社も含めて検討している層になります。これらの層に対しては、検索連動型広告やLP、SEOによる自社Webサイトへのアクセスアップが有効な施策となります。

　その上の階層は「顕在層」。何かに悩んでいて、悩みの解消という明確な目的を持ってキーワード検索をする層です。

　その上は「見込み層」。比較検討サイトや口コミサイトを見ながら情報収集している段階です。そして一番上は「潜在層」。今すぐ商品・サービスを買いたいわけではないものの、ニーズにマッチした情報があれば見るというユーザーです。

　見込み層や潜在層にはLINE公式アカウント、Instagram、YouTube、Twitterによる情報提供が適していますが、ひまつぶしで情報収集しているだけのユーザーも多いわけで、この層をCVにまで持っていくことはなかなか難しいといえます。

「下層」からの取り組みが売上に直結する

　中小企業に対して私がおすすめしたいのは、「顕在層」「検討層」の施策にまず力を入れていくことです。というのも「潜在層」「見込層」に適した施策、例えばSNSやオウンドメディアなどで展開する「潜在層」や「見込み層」では売上に繋がるまで時間がかかるからです。

　また、SNSなどで認知の獲得や興味への喚起ができて、顕在層に移行したとしても、ユーザーが訪れたECサイトの情報が不十分であったら、購入まで進んでもらうことができません。

　これに対して、「顕在層」「検討層」に適した施策、Web広告やLP、Webサイトを整備しておけば、数は少なかったとしてもユーザーが購入にまで導くことが可能です。また、「顕在層」「検討層」

CV　Webサイトの訪問数、見込みからの顧客への転換などの目的の「成果」、さらには中間、最終問わずその時の「成果」を指すマーケティング指標。

は目の前の客を対象とするので比較的短時間で売上に結びつけることができます。

　そのように考えると、デジタルマーケティングに慣れていない中小企業ほどファネルの一番下の「検討層」ファネルからしっかりと対策を講じていく必要があります。

　ですが、マーケティングファネルの下層だけに注力していても、購入の母数は増えないという点にも注意を払いましょう。中長期的にビジネスを成長し続けたいのであれば、マーケティングファネルの上層にも力を入れて、自社商品を認知→検討してくれる層を増やすことにも取り組んでいかなければなりません。

短期施策と長期施策を考える

　マーケティングは、農作物の収穫工程をイメージしていただくとわかりやすいでしょう。

　マーケティングファネルの下層は、農作物が収穫できる状態の畑。マーケティングファネルの上層は、畑の土壌作りや種まきと捉えていきます。

　実っている農作物を刈り取ったら、次の収穫時期に合わせて再度種まきをしないと継続した収穫はできませんよね。

　したがって、Webマーケティングを実施するにしても、すぐに売上に繋げる短期施策（下層施策）をやりつつ、継続的な売上を作るために中長期 施策（上層施策）も考えて、計画的に実施していくことが重要になるということです。

◎短期施策:「比較・検討」や「購入」に効く、検索連動型広告やランディングページ、自社Webサイトのブラッシュアップ に取り組み、即時の効果を見込む

◎中長期施策:「認知」の拡大に効く、オウンドメディアや、SNSなどの運用に取り組み、1、2年後 の効果を見込む。

　と分けて考えるとわかりやすいでしょう。

🗨 アドバイス

中小企業は売上に近いところから取り組む

中小企業がまず取り組むべきは、「比較・検討」「購入」の施策。この土台がしっかりとできていなければ、オウンドメディアでいくら認知を集めても売上には結びつかない。

目的に合わせて適切にデジタルマーケティングを設計!

最終目標を決め、実現可能な計画の流れを決めよう

KGIとKPIを明確に定義する

　カスタマージャーニーマップで顧客の行動を視覚化し、マーケティングファネルで施策の方向性が確認しました。さあ、施策をはじめましょう…。というわけにはいきません。これらデジタルマーケティングの施策を実践する前に、あらかじめ決めなければならないのは予算、期間、目標です。これがなければ、「大きな成果が見込めそうな場面で思い切って投資をする」あるいは「期待したほどの成果が現れなかった時に速やかに撤退する」といった正確な判断ができなくなります。

　例えばリアルの店舗なら、「月に1000万円の売上を上げたい。そのためには○平米の店舗面積と○名のスタッフが必要。開店費用は○円で、初期投資は3年で回収して……」といったように詳細な計画を立てるのが一般的です。これと同じように、デジタルマーケティングの施策でも詳細な計画を立てる必要があります。
　具体的に考えるのは、まず、「KGI」と「KPI」です。

◎KGI（Key Goal Indicator:重要目標達成指標）
　最終的な目標のこと。

◎KPI（Key Performance Indicator:重要業績評価指標）
　KGIという最終目標を達成するための中間目標のこと。

KGIとKPIの例

まずはゴール（KGI）を決め、そこから逆算して
各種KPIの洗い出しを行い、注力すべきKPIを決定していく。

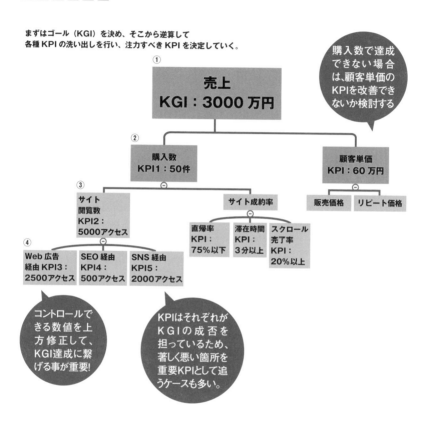

🔍 **直帰率・スクロール完了率**　直帰率はサイト全体の訪問のうち何％が1ページしか見なかったかを表わている。スクロール完了率はそのサイトがどれくらい読まれたかの表す数値

図のように、①KGIを「売上○万円」に設定したとすると、②その売上を上げるために必要な購入者数（KPI1）が割り出されます。KPI1が明らかになったら、③購入ページ訪問者数（KPI2）はどれくらい必要か、過去のデータをもとに設定できます。さらに、④KPI2を達成するためには、具体的にどの媒体から流入させればいいのか、媒体ごとの流入者数（KPI3〜5）が設定可能です。

　そして、KPI1の各数値を達成するにはどんな施策を実施すべきか、具体的な施策が明確になります。

　すべてのKPIを同時に改善するのは難しいので、このKPI群の中でも改善することで最もインパクトの大きそうな箇所を重要KPIとして日々改善していくことがポイントです。

KGIから逆算してKPIを考える

　もう少し具体的なKGIやKPIの設定例を説明しましょう。次の図をご覧ください。

　この図では、Webマーケティング講座1件の受注（受講料60万円）を獲得する際に、そこから逆算するかたちで受注に至るまでの各工程にある無料相談数、体験セミナー数、資料請求数でそれぞれ何件必要かを割り出しています。

　1件の受注にかけられるコストを算出することがKGI、KPI設定の最初に行うべきことです。

　これを行わないとKGI（売上）は達成したけれどコストがかかり過ぎて利益が残らないという状態に陥るからです。

KPIの設定例（Webマーケティング講座（受講料60万円））

まずは1件あたりの目標（KGI）にかかるコストを仮説してみて、
そこから逆算してKPIの具体的数値を決定していく。

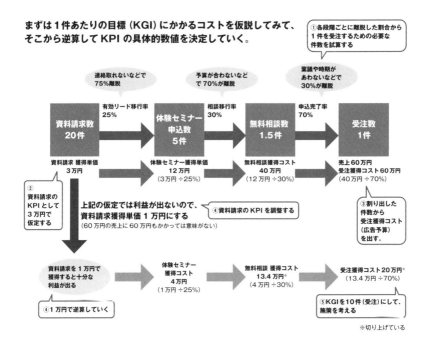

受注1件を獲得するには、資料請求の時点でリード数が20件必要となるので（①）、資料請求獲得コスト3万円と仮定すると（②）、60万円の予算を組む必要があると判断できます（③）。

もちろん60万円の予算で商品価格60万円の講座を1件獲得してもビジネスとして利益が出ないので、資料請求のKPIを「1件の資料請求を1万円で獲得する」と設定することで利益を狙います（④）。すると1件の受注に対してかかるコストは20万円となり、粗利が40万円ほど出ることが分かります。ここまで算出したらKGIをいくらにするかを決めていきます（⑤）。

受注件数としてKGIを10件にすれば粗利400万となりますので、

🔍 **案件化率**　　アポイントメントや商談から、案件として動くことになった割合。

スタート時での目標としては無理のない範囲ではないでしょうか。仮に上記で変更したKPI・KGIを目標とすると達成に必要な資料請求数は200件になるので、200万円の広告費が必要になります。200万円というと小さい予算ではないので、全額をWeb広告に使って達成するのか、SNS投稿などの無料施策と組み合わせて達成するのかなど財務状況を考えて意思決定していく必要があります。

　予算が少ないのであれば、「リード獲得目標の月間200件のうち、50件は広告で、150件はSNSで集める」といった配分を行って予算を抑えます。SNS投稿は無料なので、Web広告にかける予算は50件分（50万円）だけで済みます。

　ただし、当然ながら、SNSは長期・継続的な運用をしなければ効果を発揮しません。

　したがってスタート時は、KGIの10件受注を3件に下げる、もしくは10件の目標のままでKGIの達成時期を1年後に伸ばすなどで現実的なラインを検討します。

　このようにビジネスの状態や掲げる目標によって各企業の経営計画に沿ったKGIやKPIを設定していきましょう。

　また、仮定の数字をいれて計画を立てる際、案件化率や受注率といったデータが社内に存在する場合はそれを活用するとよいでしょう。データとして存在しない場合、営業やマーケティング担当者が肌感覚として持っている数字を入れてみて、事例のようにKGIとKPIを設定してください。

成功している企業は戦略的な計画と行動を持っている

　デジタルマーケティングに成功している企業は、カスタマージャーニーマップの作成、KGI・KPIの設定、施策の優先順位付けなどがきちんとできています。逆にいえばこれらができていない企業で、成功している例は少ないといえます。

🔍 リード　　　　　　購入に至っていないが顧客になる可能性のある集団。マーケティングの視点では、主に施策によって獲得したい見込み客のことを指す。

「最近流行しているから」「無料でできるから」といった理由でデジタルマーケティングを始め、目標もなく運用していては、なかなか成果は出ません。**ユーザーを理解し、きちんと目標を定め、優先して取り組むべき施策を決めてそこに集中的にリソースを投下すれば必ず成果は出ます。**

自社の経営計画に沿った無理のないKPIやKGIの設定。それを実現していく戦略策定を行うにはデジタルマーケティングの知識を適切に身に着けておかなければなりません。

もちろん、行動計画や目標設定を決めても、その通りに進むことはほぼないのですが、複雑かつ広範囲で検証や改善が必要になるからこそ、自社が改善するべきポイントや達成するべきKPIを明確にしておかないと「どこから改善すればいいのか…」「どのボトルネックを解消すればいいのか…」と不明確になります。

その結果、経営サイドから現場のチームに無謀な要求をすることに繋がっていき、それらが常習化していくと、マーケティングの担当者はもちろん、支援する代理店側も「無理な要求ばかりする理解のない経営陣」と判断して離れていく結果に繋がっていくのです。

デジタルマーケティングが多様化・高度化しているからこそ、原理原則をしっかりと理解したうえで、重要度の高い施策に集中して取り組むことが大切なのです。

目的に合わせて適切にデジタルマーケティングを設計!

適切な計画を策定するために
テストマーケティングを実施しよう!

検討よりも検証が大事なシーンもある!

　ここまで説明すると、綿密な計画とリサーチ(調査)が必要になってくると感じている人も多いでしょう。

　しかし、オフラインのマーケティングとデジタルマーケティングの最大の違いは「自由度の高さ」です。

　オフラインのマーケティング、例えば、現実に店舗を持ったビジネスを始めるのであれば、事前に立地やライバル店の繁盛具合をリサーチして、想定できる来店数などを把握してから出店するなどがあります。そして、一度開店したら簡単に店を閉じることはできません。

　しかし、デジタルマーケティングの場合、構築するのはリアル店舗ではなく、Webサイトや一次コンテンツなどのデジタルコンテンツです、随時の修正や配信の停止が可能になるど、実際に店舗を持っての動きよりも選択肢が広がります。

　知識不足から綿密な計画を立てることができずに、デジタルマーケティングの実施に至らない企業も多くあります。また、ビジネスの世界なのでリサーチしても把握できる点と把握できない点が存在します。

始める際には、まずは痛手のない範囲で予算を決めテストマーケティングをしてみるという考え方はデジタルマーケティングでは王道な方法なのです。

　また、デジタルマーケティングを上手く使っている企業は、テストマーケティングの実施によって、事業計画を組み立てるスピードが速くなります。
　Webで販促費3000万円をかけて、1億円の売上を作ったという事例があったとしても、最初から3000万円もの予算を費やすケースは稀です。
　最初は小さい予算でテストマーケティングを行い、その結果を元に事業計画や戦略を組み立てて少しずつ大きな規模や仕組みを構築していきます。
　段階的な取り組みが結果を検証し改善しながら拡大できる分、前に進みやすくなるのです。
　このことからデジタルマーケティングは自由度が高くリスクが少ない施策だと言えます。

　私の会社には毎月たくさんのお客様からお問い合わせがありますが、知識がまだない企業の中には「このWebから売上○○円を作りたい」という希望だけが先行します。そして、かかる費用を伝えると「そんなにかかるならやめておく」という判断をする企業も少なくありません。
　まずは用意できる費用でテストマーケティングを実践する。そして、どれぐらいの見返りが期待できるのかを把握する。その結果を元にどう追加の予算を用意し、目標を実現していくのかを考えるのが経営の仕事だと思うのです。

テストマーケティングにもある程度の予算は必要

　ではテストマーケティングの予算はどれぐらい用意すればいいのでしょうか？

　期間で決めることもあれば、予算で決めることもあります。

　実施するマーケティング施策が、無料のSNSであれば3ヶ月間、半年間と期間を決めて実施することもありますし、Web広告を実施するのであれば50万円〜300万円と予算を決めて取り組むことになります。

　テストマーケティングなので、リスクのない範囲で行えばいいのですが、だからと言って10万円などの少額、小規模で実施しても効果的なテストマーケティングにはなりえません。

　SNS運用やオウンドメディア運用であれば、最低でも6ヶ月〜1年間、そしてWeb広告であれば最低100万円はテストマーケティングの必要リソースとして用意したいところです。

　「効果が出るか分からないものには投資できない」

　このように訴える経営者は多いのですが、ビジネスの世界で確実に成果が出る投資はあるのでしょうか？

　もちろん、確率論で勝率を考えて、実施するべきマーケティング施策を取捨選択する必要はあるのですが、これだけ移り変わりの早い現代においてデジタルマーケティングを武器にしていくには、素早いテストマーケティングの実施と、その結果を元に戦略、行動計画の立案をスピーディに実行していく必要があるのです。

　デジタルマーケティングの計画やカスタマージャーニーマップの把握、リサーチなどに時間をかけ過ぎると、実施されない状態が続

いてしまいます。検討はある程度で終わらせ、テストマーケティングを兼ねて予算を限定して実施していく思い切りの良さもデジタルマーケティングには必要になるのです。

　デジタルマーケティングを武器にしなければ、実施しているライバルに大きく後れを取る時代です。テストマーケティングと言えども十分な予算をかけて実施しましょう。

目的に合わせて適切にデジタルマーケティングを設計!

間違えやすいデジタルマーケティングの
目標設定

やってはいけない目標設定

　適切ではない目標設定は、思ったように成果が上げられないばかりか、費用や時間をムダにしてしまう可能性もあります。

　目標設定の悪い例を以下にあげました。

●300万円の予算で半年後に3000万円の売上を上げる

　これは非常に難しい目標です。消化した広告費に対して、売上というリターンを何%得られたかの指標「ROAS」の考え方でいうと、広告費300万円に対して売上3000万円なら、ROASは1000% です。このような高いROASを実現できるのは、消費者ニーズが非常に高い商品・サービスに限られています。そんな「おいしい市場」があれば多くのライバルが参入しているはずで、実際にはあまり多くはないケースです。

　ただ、絶対に無理というわけではありません。有料の広告とオウンドメディア、YouTube などの無料施策を組み合わせることで、成功確率を上げることは可能です。広告というコストがかかる施策だけ で高いROASを実現するのは難しいということです。

●広告費100万円で100万円以上の売上を上げる

　ビジネスによってもROAS の基準は異なります。BtoBの商材だ

 ROAS　Return On Advertising Spendの略語で、一般的には「広告の費用対効果」を示す。計算式は、ROAS(%)=広告経由売上÷消化広告費×100

と、成約1件当たりの売上が大きいため、広告費100万円で100万円以上の売上を作ることは難しくありませんが、BtoCの商材であればこの目標は難しいケースが多いです。

　例えば健康食品で540円の初回商品を販売するのに、広告費が300円しかかけないとどうなるか。リスティング広告のクリック単価が100円なら、3回クリックされただけで300円を消化してしまいます。3回のクリック（LPへの訪問）で、1件の購入が発生するような費用対効果の高い状況は現実味がありません。なお、1件当たりの獲得にかかる費用を「CPA（顧客獲得単価）」と言います。
　サイト訪問数のうち何件でCVが発生したかを示すCVR（コンバージョン率）は、業界の水準では1～10％です。3人に1人が買うならCVRは33％となり、これはほぼあり得ない数値といえます。
　BtoCで初回商品を販売する際は、広告費をかけても売上はそれ以下、つまり赤字になるのが一般的な例です。しかしそれは先行投資です。初回商品を買ってくれた顧客にリピートしてもらったり、より高単価な商品を買ってもらったりすることで、数ヶ月後に広告費以上の売上をつくる、という考え方が必要です。

　もちろん商品価格が3万円、原価が7000円程度の高粗利のビジネスであれば初回から黒字が出るケースもあります。ビジネスによって基準は変わりますが、広告はコストがかかるのでそれだけで大きな利益を見込んではいけないということです。

● 広告予算10万円で化粧品や健康食品を販売する
　「新商品なので10万円くらいの予算で採算が合うか試したい」、そんなふうに考える顧客はいますが、これも効果的な選択とは言いにくいです。
　テストマーケティングの視点で考えても、新商品を試験的に販売

する場合、まずは広告費をかけて初回商品を販売し、その後どのくらいのリピートが発生するのか、広告やLPは適切だったかなど、検証や改善していく作業が必要です。

しかし10万円の予算では、そもそも売上がほとんど発生しない可能性があり、正しく検証や改善ができません。特に化粧品や健康食品はライバルが多い市場です。テストマーケティングといえど、100万円以上の先行投資が必要と考えてください。

お金をかけずにやるなら1〜2年は見込むべき

広告費をかけずに商品・サービスを販売しようと考えている会社もあるかもしれません。例えばオウンドメディアを立ち上げる、YouTube チャンネルを作るといったものが手法として考えられます。その場合は、成果があがるまでに1、2年かかると覚悟して臨んでください。

ただし、その1〜2年の間にライバルがより良い商品を出す可能性もあります。デジタルマーケティングの競争が激化する現在、無料で時間をかけるよりも、利益があるのであれば広告費を投じて事業の立ち上げスピードを優先することも検討しなければなりません。

自身の会社の状態によって適切なKPIを設定しよう!

「デジタルマーケティングで売上3000万円を上げる」などは目標値として大雑把すぎます。施策ごとに適切なKPIを設定する必要がありますが、「リスティング広告で○円の売上を上げる」も正しいKPIとはいえません。リスティング広告でできることはリード獲得まで。 そこから先、売上を上げるのはセールス力の勝負だからです。リスティング広告ではあくまでも新規顧客の獲得をKPIに設定する必要があります。

YouTubeチャンネルの運用においても、売上をKPIに定めるのは適切ではなく、認知の獲得やリード獲得を目標としてください。
　目的が認知獲得なら視聴回数やチャンネル登録者数、リード獲得ならCV数をKPIに設定する必要があります。

　デジタルマーケティングで一定の成果を上げるには、一定の期間がかかります。そのためにKPIを設定していないと、ゴールに向かって正しく進んでいるのかがわかりにくくなり、迷走してしまいます。ゴールをきちんと見据えて、その途中経過であるKPIを段階的に設定していくことが大切です。

適切なKPI設定の例

　以下に施策ごとのKPI設定例をあげました。参考にしていただければと思います。

● リスティング広告のKPI
広告費100万円で実施するケース

・検索広告50万円
・理想CPA1万円 − 限界CPA2万円
　理想CV数50件（問い合わせ数）の獲得を目指す。

・ディスプレイ広告50万円
・理想CPA2万円 − 限界2万5000円
・理想CV25件
　見込み客の認知獲得と問い合わせの獲得を目指す。

　上記の合計75件の問い合わせが獲得できると想定し、理想として

 **CPA（Cost per Acquisition）** 顧客獲得単価。1件あたりのCV（問い合わせ、申し込み、資料請求など）獲得にかかった費用のことを指す。計算式は、CPA=広告にかかった費用÷広告から獲得したCV数

掛けられるCPAとこれ以上は出せない限界のCPAを設定しましょう。これは3章04で紹介した「KPIの設定例（Webマーケティング講座（受講料60万円））」を参考にしていただければCPAが割り出せるでしょう。広告費は経費がかかるので損益分岐点を明確に計算しておく必要があります。

広告配信の目的を決めてKPIを具体的に設定するのが望ましく、配信方法によって獲得単価は異なるので、理想値だけでパートナーに依頼しても効果的な広告配信は行えません。

●オウンドメディアのKPI
1年間でオウンドメディア構築に取り組むケース※

・月100件のホワイトペーパーのダウンロードを獲得する（KGI）。

・ダウンロード1件獲得するのに必要なアクセス数は300アクセス。なので100件獲得するには月30000アクセスが必要となる（KPI）。

・月30000アクセスを集めている他社メディアの記事数は約100記事。なのでより充実したコンテンツで年間100本以上を投入する必要がある（KPI）

このようにライバルの規模も見ながら、記事投下数と目標アクセス数をKPI設定して実施するとよいでしょう。

※ダウンロードページへの導線や内容が適切に行える前提でのケースとなります。

●YouTubeチャンネルのKPI

6ヶ月間でチャンネル登録3000人（KGI）を目指すケース

・3000人登録のライバルチャンネルの動画投稿頻度を見ると月8本動画をアップしている、期間も1年前から開始しているので、投稿頻度を月16本（KPI）に設定して6ヶ月で同じ規模のチャンネルにする。

・研修ビジネスの導入を決定できるターゲットに見てもらいたいので、組織ネタやマネジメントネタに限定（KPI）

　YouTubeチャンネルは主にマーケティングファネルの潜在層向きの施策なのでKGIを売上に設定せずにより多くの閲覧数やチャンネル登録をKGIに設定した方がよいでしょう。

●TwitterのKPI

ステージ①として、基盤となるフォロワー集める。
6ヶ月でフォロワー3000人（KGI）を目指すケース

・ベンチマークとするライバルアカウント（フォロワー数3000程度のアカウント）をチェックすると1日10回ツイートしているので1日10回ツイートする（KPI）。

ステージ①を達成した後、ステージ②としてビジネスへつなげる

・フォロワーの方から30件のホワイトペーパーダウンロード獲得（KGI2）

・エンゲージメント（リツイートやリプライ）率を高める為のツイートを1日3回以上実施（KPI2）

Twitterは2章03のシェアードメディアに分類されるためコントロールが難しくなります。段階的にKPIを設定し効果性を見ながら進めていきましょう。

🔖 アドバイス

媒体の特性と効果性から適切に設定する事!

目標を設定したら、その目標が現在の市場環境や会社の状況に照らし合わせて妥当なものなのか、経営戦略に合ったものかを、しっかりと確認する必要がある。

デジタルマーケティングに成功する
組織の共通点

　私の会社では今まで累計1800社以上のお客様とお付き合いをしてきました。その経験からわかったことは、デジタルマーケティングの成功の鍵を握るのは経営者だということです。

　いろいろな会社を見ていると、デジタルマーケティングの担当者が長期にわたって担当しているケースと、コロコロと変わるケースがあります。

　コロコロと変わる会社では、経営層がデジタルマーケティングを正しく理解していないことが多いようです。無茶なKGIを設定され、実現できずに人事評価が下がってしまい、嫌気が差して別の会社に転職した、という担当者をたくさん見てきました。

　経営者の理解がなく、無茶なKGIを掲げるような会社では、担当者が育ちません。また、外部のパートナーにも「無理な要望を言うクライアント」として敬遠されてしまいます。代理店や制作会社も知見のある会社を支援した方が施策工程もスムーズに進むため実績につながりやすいため、知見のある会社から優先的に支援するようになります。

　デジタルマーケティングを行う上でもうひとつ大切なことは、損切りする潔さです。

　よく新規事業は10個挑戦して1個当たればいいと言われますが、デジタルマーケティングの世界も近いものがあります。商品・サービスをデジタルマーケティングの施策で売り始めて、計画通りに進む企業は3割くらい。残りの7割のうち3割は、改善を繰り返すことで軌道に乗せていくことが可能です。それ以外の企業は、KGI設定が非現実的か、そ

もそも商品・サービスがユーザーに受け入れられていない
などの問題があると考えられます。

　なかにはインターネットユーザーには伝わりにくい商品・
サービスもあります。デジタルマーケティングをある程度
行ったらその成果を分析して、これ以上伸びないようであ
れば、「デジタルマーケティングには向いていない」と判断
して、次の商品・サービスに挑戦する。そんな損切りの判
断ができることも、デジタルマーケティングに成功する組
織の特徴といえます。

　実際に成果を上げている企業は、商品の出来を代理店や
パートナーの責任とせずに損切りを行い、次の商品や企画
を依頼してくれることが多いです。デジタルマーケティン
グに対して無知な会社ほど「プロに依頼したのに」「売れな
いのはパートナーのスキル不足じゃないのか」と責任を転
嫁する傾向が強いように思います。

　デジタルマーケティングは錬金術ではありません。売れ
ないものは売れません。企業側の「売れる商品作り」「適切
なKPI設定」これらがあって初めてデジタルマーケティング
は効力を発揮してくれるのです。

DX時代のデジタルマーケティングの
具体的な手順!

3章で目標を決めました。次のステップでは、その目標に沿って施策を進めます。DX時代に必要とされる「一次コンテンツ」の作成、そして、それを活かすための広告施策の選択を解説します。DX時代の顧客の流れは、「広告」→「一次コンテンツ」→「商品サイト・会社サイト」なのです。

DX時代のデジタルマーケティングの具体的な手順!

DX時代に合わせて
既存のサービスをアップグレードしよう!

既存のWebサイトにユーザーは満足しているか?

　今の時代、Webサイトくらいはどの企業でも持っていますが、それが作ってから5年も6年も経ったものであれば、なかなか効果が得られなくなってきているはずです。DX時代に合わせて、既存のWebサイトを効果が上がるWebサイトへとアップグレードしていく必要があります。

　そこで意識していただきたいのは、ユーザーの心理です。例えば、商品・サービスについて十分な情報を提供していないWebサイトはよくあります。そのようなページを見て、ユーザーは買ってくれるでしょうか?

　「わからなければ問い合わせをしてくれる」と思っていたら大きな間違い。実際には「問い合わせしないと詳細情報がわからないようなサイトでは買わない」というユーザーが大半です。

　ネット上で容易に商品の比較検討できてしまう時代です。より親切なサイトから買いたいとユーザーが考えるのは当然です。

情報の少ないECサイトは買ってもらえない

　例えばアパレルのECサイトで、商品の画像が数点しかないサイトと、豊富にあるサイトがあれば、ユーザーは後者を選びます。素材

やサイズ感などの情報も、より細かく記載してあるサイトの方がユーザーに喜ばれます。ECサイトで購入し、商品が届いてみたらイメージと違ったという経験を多くの方がしている時代です。ユーザーは賢くなり、失敗を防ぐために、細かい情報を確認してから購入するようになっています。

情報を充実させたWebサイトの例

ショッピングサイトの商品ページ

オウンドメディアの記事

オウンドメディアでは商品ページよりも詳細にし、活用法などの情報を提供することで、新たな層への発掘をうながす。

GOLFavoのショッピングサイトの例。商品紹介ページの情報も充実させているが、より詳しい使い方、実際に体験してみた感想などを載せるためにオウンドメディアを利用している。
https://golfavo.base.shop/

これは私の会社が運営している「GOLFavoオンラインショップ」の例です。ショッピングサイトでは、多数の商品画像、詳細な説明、購入者のレビューなどの情報を載せていますが、これだけでは十分とはいえません。そこで、**商品の具体的な使い方、自分たちで商品を使ってみた感想や、気づいた注意点、インターネットで調べた口コミなど、レビュー型コンテンツをオウンドメディア上に展開**しています。

　商品を買わなくても疑似体験できるような、充実した一次情報を提供することで、ユーザーの「わからない」という不安をケアしています。このような丁寧な情報提供が大切です。

BtoBサイトでも情報の網羅性は重要

　BtoB商品でも同様です。サービスの概要や最低限の特徴だけを説明して、「詳細はお問い合わせを」としているのが従来のBtoBのWebサイトでした。しかし、知りたい情報が網羅されていないと、ユーザーは他のサイトを検索して、もっと情報が充実しているサイトに問い合わせをすることになります。

　BtoBであっても、
・料金体系
・納期
・導入プロセス
・サポート体制
・実績、事例
などの情報をユーザーが問い合わせをする前の段階で提供することが、選ばれるサイトを作るうえで重要です。

アドバイス

DX時代のWebサ
イトで重要なこと

さまざまな情報が整理されて、競合製品同士は簡単に比較される時代です。必要な情報が網羅されていないなどの不親切なWebサイトは、信頼感を損ないます。かゆいところに手が届く親切なWebサイト設計が、ますます重要になっているのです。

DX時代のデジタルマーケティングの具体的な手順!

見込み客を集める動画や記事の
デジタルコンテンツを用意しよう!

情報収集の起点はアプリになっている

　第2章では「ホームページを閲覧してもらうには、魅力的な一次コンテンツ（出張所コンテンツ）が必要」という話をしましたが、その背景には、情報収集手段の移り変わりがあります。

　かつての情報収集の起点はGoogle検索が主流でしたが、昨今では、Google検索から情報を探すよりも、目的に合わせてスマホなどのアプリを開き、情報を閲覧したり検索したりすることが起点になっています。

　例えば商品情報を知りたいならAmazonのアプリを開き、最新トピックを知りたいならTwitterやニュースアプリを開く、手順を知りたいならYouTubeで検索する。といった具合です。

　何をするにも最初の情報収集はアプリが中心の時代になっており、隙間時間にアプリを閲覧し、その後、興味の持った事柄のみ本格的に情報収集するためにGoogleやヤフーといった検索エンジンを利用するという情報収集のプロセスに変わってきているのです。

　また、かつて企業からユーザーへのコミュニケーションツールといえばメルマガでした。今では、メルマガを送っても読まれることが少なくなっているため、企業はTwitterやLINEなどのアプリを使ってメッセージを送るようになっています。

そのため、SEO に力を入れて Web サイトをしっかりと作り込んでいても、Twitter や Facebook、Instagram、LINE などを運営していない場合は、自社の情報をユーザーに見つけてもらいにくくなっています。この状況は今後ますます加速するでしょう。

時代のトレンドに合わせて、SNS など各メディアの特性に合わせたコンテンツを提供し、そこから自社 Web サイトに誘導することが重要になってきています。

「出張所」としての一次コンテンツでWebサイトに誘導する時代へ

SNS が主流になっている現在では、自社 Web サイトの情報を充実させても見込み客が自発的にアクセスしてくれることはほぼありません。

見込み客は SNS や検索エンジンでの情報収集を経て、興味や必要性を感じた商品やサービスを比較検討するので、情報収集の段階で有益な情報やコンテンツを提供しなければ見込み客に見つけてもらう事すらできない時代です。

そのため、Web サイトに訪問する前の「出張所」となる一次コンテンツの存在が重視されるようになっています。

具体的には、カスタマージャーニーマップでも解説した各フェーズ毎の見込み客の悩みを解決するための動画やホワイトペーパー、電子書籍などのデジタルコンテンツ（2章で触れた一次コンテンツ）が必要ということです。それら一次コンテンツが魅力的であればあるほど、興味を持ったユーザーが自社 Web サイトへ訪れてくれるようになります。

🔍 **ホワイトペーパー**　本来は政府や組織の公開する報告書の通称だが、Web マーケティングでは企業が発行する販促ツールを意味する。読者のために役立つ情報を提供し、その上で自社製品やサービスの特徴・メリットを紹介する構成が一般的。

デジタルコンテンツの提供でホームページへ誘導する

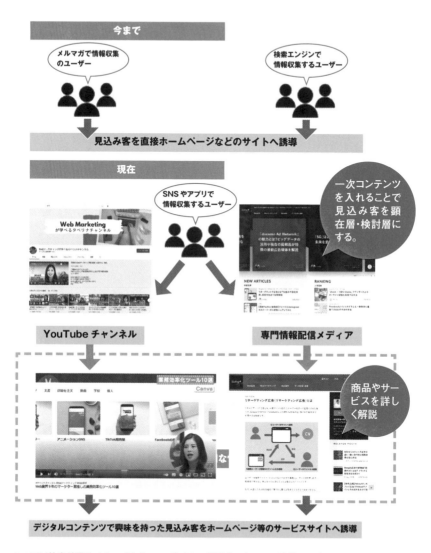

かつては検索結果やメルマガからWebサイトに訪問するケースが多数。現在は、スマホアプリから、一次コンテンツを経由してWebサイトを訪れるという2ステップの施策が必要になっている。

🔍 **YouTubeチャンネル**　YouTubeで展開されているサービス。配信者が配信した動画をまとめる機能。視聴者が登録することで配信者の動画にたどり着きやすくする。

価値あるコンテンツ提供でユーザーをファンにする

　潜在顧客や見込み客の段階でSNSなどを通じて軽い接点を持ち、見込み客の教育・ファン化を促進してからWebサイトに誘導する。そんなマーケティングを実践することがこれからは重要になるということです。

　具体的な事例を紹介します。当社では自社のWebサイトに力を入れ、オーガニック検索のアクセスが集まるように日々工夫していますが、そのWebサイトにあるのは商品・サービスの情報です。

　TwitterやYouTubeでこの商品ページの内容を発信していくかというと、そんなことはしません。基本的にSNSを見ているユーザーはセールス色の強いコンテンツを求めていないからです。

　そこでどうしているかというと、前述で紹介した「タベリナチャンネル」のようなYouTubeチャンネルなどの動画コンテンツや、オウンドメディア「リスプラマガジン」（ppc-master.jp/labo/）などの記事コンテンツを作り、各流入経路に合わせて出張所となる一次コンテンツを運営しています。

　ユーザーはYouTubeなどで情報収集するなかで、「タベリナチャンネル」の動画やオウンドメディアの記事を見つけて、当社の存在を知ります。そして当社のファンになって、当社のWebサイトに訪れて問い合わせをする。このようなプロセスをたどってくれることを狙っていますし、問い合わせをしてくれる企業のほとんどが「タベリナチャンネル拝見しています」「リスマガを読んでいます」と伝えてくれます。

　情報提供を目的としたコンテンツが「出張所」の役割を果たして、会社のブランディングや認知拡大に貢献し、ユーザーをファン化して、販売目的のサイトに誘導してくれるということです。

DX時代における
魅力的な一次コンテンツの作り方

見込み客の知りたい事に答えるコンテンツを作る

　一次コンテンツというと少し難しい印象を与えるかもしれませんが、私が考える一次コンテンツとは、テキスト、音声、動画によるサービスの解説をデジタルの形で閲覧できることを指しています。

　通常、商品やサービスは自社のWebサイトのみで説明するのが形でしたが、SNSが当たり前になった現在では、自社のWebサイトでの商品やサービスの説明とは別に「見込み客の潜在ニーズに応える＝インサイト（新たな価値や体験）を提供するコンテンツ」が必要になります。

　例えば、Webマーケティング講座を販売するのであれば、自社のWebサイトには「サービス導入の流れ」「受講することで得られる効果」「価格」などのサービス内容をメインのコンテンツとして盛り込みますが、一次コンテンツではこれらのセールスポイントはほとんど扱いません。
　SNS上にいる「なんとなく情報収集している人」は、Webマーケティング講座を探そうとする前の段階であり、潜在的な欲求を持った見込み客のため、その人に対して単にサービスの魅力を語っても興味を引くことはできないからです。

3章で解説したカスタマージャーニーマップの行動や思考から、見込み客の「ニーズやインサイト」を適切に捉えた一次コンテンツを作成していく必要があります。

悩み解消のためのコンテンツを作る

　最もオーソドックスな一次コンテンツは、見込み客の悩みに答えるコンテンツです。Webマーケティング講座の導入を比較検討する前の段階の見込み客が何に悩んでいるのか、それを解決するコンテンツを作ります。

　例えばWebマーケティングに関する企業研修を検討する前の見込み客であれば、売上や人材育成などに課題があるかもしれません。この場合、「マーケティング人材を育成する3つのポイント」「組織のスピードを上げる人事評価の作り方」といった悩み解消のコンテンツとして、動画やPDFを使った記事コンテンツにしてSNSなどに投稿していきます。

　10〜20分程度の読み応えのあるボリューム感でコンテンツを作ることもありますが、ポイントを分解して1〜2分で読める程度にして、投稿頻度や量を増やすことも検討していきます。

　1〜2分で読める分解したコンテンツで興味を引き、10〜20分で読める本格的なコンテンツはYouTubeのチャンネル登録やTwitterやInstagramでのフォロー、メルマガやLINEの登録などをしてもらう代わりに提供するという方法がおすすめです。

成功事例や最新情報のコンテンツも有効

　成功事例や最新情報を扱ったコンテンツも効果的です。

　「動画マーケティングで成功する5つの会社」や「Twitterで1億を稼ぐ人材とは」など、PRできる事例を元にコンテンツを展開するのも効果的です。

　企業であれば「他の会社の成功の秘訣」や「業績を上げた取り組み事例」などは知りたいものですし、化粧品などの商品も顧客のシワ改善の事例などはそれを気にしている見込み客の興味を引きます。

　成功事例と悩み解消を元に、動画やPDF資料に落とし込んでコンテンツとして情報発信していくことが効果的です。

　この画像は弊社で運用しているInstagramのコンテンツ配信例で

Instagramでのコンテンツ配信例

す。

　デジタルマーケティングの総合支援をしている当社ですが、いずれの画像もサービスのPRはしていません。まだサービスの検討段階に入ってないSNSユーザーには「デジタルマーケティングを成功させるポイント」としてPRを行い、コンテンツ化することで興味関心を獲得しています。

　これらのコンテンツを通して当社の存在を知ってもらい、サービスの検討段階になった際に導入検討先のひとつとして選んでもらいやすくしています。

一次コンテンツを設置する

　オウンドメディアなどにこれらの一次コンテンツを配置することで、Webサイトだけでは不安が払しょくできなかった見込み客により多くの情報を提供し、不安を解消させることができます。

　このように一次コンテンツを用意することで、見込み客に各種の情報提供すると同時に、メールアドレスやLINE登録などのデータを会社として収集することもできます。

　また、Webサイトから離れた後も、取得したメールアドレスやLINE情報を元に継続的にコンテンツを送付することで見込み客はより顕在層に近づき、問い合わせや注文につながるようになります。

一次コンテンツを用意することは…

様々な一次コンテンツを用意することで不安をなくしていく

見込み客と顕在層に近づけて次の行動に移りやすくさせる。

詳しく説明した本を作ってPDFや電子書籍で見せるといったコンテンツも有用

一次コンテンツ作成の流れ

一次コンテンツを作成するあたっての流れをポイント化しました。

❶ **見込み客の不安や悩み、ニーズに応えられる情報を選定する**

既存の営業資料、セールストーク、お客様の声、製品説明
の資料など、見込み客の興味を引ける点がないか確認します。
すでにある情報をコンテンツ化するのが一番簡単ですが、妥
当な情報が社内にない場合、新規でコンテンツを作ることも
検討します。

❷ **ボリュームを決める**

❶で選定したコンテンツの量次第で、制作するコンテンツ
ひとつあたりのボリュームを決めていきます。たくさんコン
テンツ化できるものがあれば、分けて作ってもいいですし、
あまり情報がないようであれば、渾身のコンテンツを作りそ
れを何度も何度もPRしていくでもよいでしょう。

❸ コンテンツの体裁を整える

　内容とボリュームが決まったら、実際にコンテンツ制作に入りましょう。カスタマージャーニーマップの中で見込み客のニーズやインサイトを想定して作ってください。

　つい商品サービスのセールストークを盛り込みたくなりますが、最後に軽く紹介する程度にしましょう。また、無料のコンテンツだからと手を抜いてはコンテンツの魅力度が下がり、見込み客の興味を引くことができませんので、注意して制作しましょう。

❹配信する媒体を決める

　コンテンツができたら、カスタマージャーニーマップに合わせて、それらのコンテンツの配信媒体や投稿媒体を決めていきます。

　一回だけ投稿したり、裸の情報だけを発信する程度では、ほとんど見てもらえません。投稿内容や呼びかけのメッセージを変え、その度に一次コンテンツを紹介するのがポイントです。投稿が無理であればSNS広告を使うのも効果的です。

❺タイトル、キャッチコピーをブラッシュアップする

　最後に、一次コンテンツのタイトルやキャッチコピーについてです。タイトルやキャッチコピーの付け方によって、興味を引けるか引けないかが決まります。興味を引けていないのであれば、タイトルを変えたりコピーを変えるなどの改善が必要です。

　分かりにくい表現、難しい表現を可能な限り使わずに、具体的な言葉かつ数字や表現を使うように心がけましょう。

　タイトルで興味を引くことができないと、読んですらもらえません。それだけに一次コンテンツの中でもタイトルが最も大事だと言えます。

運用型広告やSNSを活用して見込み客を効率よく集めよう!

Web広告は時間をお金で買う施策

　一次コンテンツを用意したら、次にどうやって一次コンテンツにアクセスを集めるかが問題になります。

　3章で解説したようにSNSやオウンドメディアでのお金をかけずに無料投稿で集める方法は中長期的に見れば重要な施策ですが、即効性はありません。すぐに売上がほしい場合には、Web広告を使うことをおすすめします。

　例えばSNS投稿で100件の資料DL（ダウンロード）を集めようと思ったら、相当長い時間がかかります。YouTubeの場合、チャンネルを作り、そこに何十本も継続的に動画を上げ、チャンネル登録者数を集めて、そこからようやく「資料のダウンロードページ」などに誘導して資料DLを獲得するという流れになるからです。

　短くても半年、長ければ数年かかるでしょう。無料投稿による施策では、フォロワー数が1000人以上いないと必要なアクセス数が集まらないからです。まず、フォロワーをある程度蓄積してからダウンロードに誘導する必要がありますし、戦略的に日々の投稿を続けないと属性の違うユーザーばかりがフォローしてしまう可能性もあります。結局、資料DLの請求までしてくれない結果になることもしばしばです。

一方、Web広告を使えば資料DLの獲得は比較的簡単に、短時間で実現できます。費用は数万円からスタートできる場合もあります。もし、資料DLの獲得が売上につながらなかったら、そこから改善を図っていけばいいのです。SNSに取り組むのと比べてかなりのスピード感でPDCAを回していけます。

　お金で時間を買う感覚でWeb広告に取り組んでみてください。

日々調整が必要になる運用型広告とは？

　ところで、Web広告、デジタル広告のことを「運用型広告」と呼ぶこともあります。

　これらの広告の費用は、月額いくらではなく、「1クリックされたら○円」という体系で発生するのが一般的です。そして、広告を一度出稿した後は、結果をただ待つのではなく、定期的にチェックして内容に編集を加えるなどして細かな調整が必要になります。

　「何クリック集めたら効果を検証するのか」「広告バナーはどれくらいの頻度で改善するのか」といった点も、広告の実践のうえでは重要な視点です。運用しながらPDCAを回して改善していくという意味では、「運用型広告」という呼び方が本質的といえます。

 PDCA　Plan（計画）、Do（実行）、Check（測定・評価）、Action（対策・改善）。
仮説・検証のサイクルのこと。

ターゲット層別、獲得単価相場

　次の図は、リードを獲得するためにかかるターゲット層別のCPA（顧客獲得単価）の相場を示したものです。BtoBで獲得するリードの種別には、問い合わせ、セミナー参加、資料請求、ホワイトペーパー請求などさまざまですが、施策の良し悪しを判断する際は各リード種別の獲得単価の相場を把握することが大切です。

ターゲット別CPA相場（BtoB商材の例）

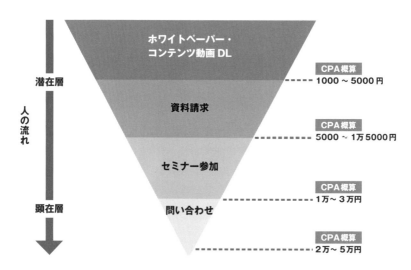

　図のように、顕在層ほどユーザー数は少なく、CPAは高い傾向にあります。例えば「問い合わせ」をしてくるのは、課題が明確で、すぐに売上に結びつきやすいユーザーであり、競合他社とも言えるライバルも広告を積極的に掲載してくることからCPAは高くなります。反対に「ホワイトペーパー」を請求してくるのは、興味はあるけれども今すぐ買いたいわけではないユーザーであり、競合他社も後回しにする施策なので比較的安いCPAで獲得できます。

データをすぐに取れることがWeb広告のメリット

　このような相場を踏まえて、CV獲得のためにWeb広告の予算を設定してみてください。例えば20人の「資料請求」を獲得したいとき、その予算を10万円くらいと考えると、上記の相場から20人×5000円＝10万円として、Web広告を出稿します。

　なかには「10万円もかけて20件の資料請求しか集まらないなら広告なんてやりたくない」と考える人もいるかもしれません。しかし、先ほども説明したように、無料のSNSで同じ資料請求を獲得するまでには、膨大な時間と労力がかかります。一方、広告であれば短時間で集客可能です。

　場合によっては10万円の費用を使い、Web広告から1000件のクリックを集めたものの、1件の資料請求も獲得できないケースもあります。その場合は、用意した一次コンテンツがユーザーにとって魅力的ではないと考えられるので、改善を図るべきと判断できます。このように、すぐに結果がわかって改善につなげられるのはWeb広告のメリットです。

　次にBtoC商材である化粧品通販の相場です。

ターゲット別CPA相場（化粧品通販の例）

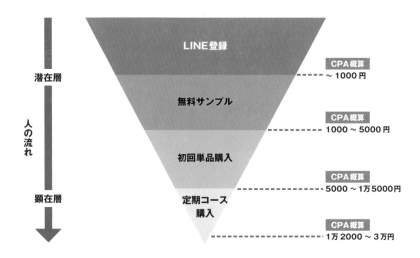

図のように、無料で気軽にできる「LINE登録」や無料サンプルの請求であれば1000〜5000円程度のCPAで獲得できます。「無料お試し」の申し込みならCPAは5000円程度です。「無料お試し」を請求してもらっても、売上は発生せずコストだけがかかります。ただ、その無料お試し商品を使ってくれた人のなかから、どれくらいが有料商品を申し込んでくれるかというデータを取る必要がでてきます。こういったデータを活用して商品やマーケティング施策の改善を図ることがポイントです。

「無料お試し」から一定数のユーザーが有料商品を申し込んでくれて、広告費を使っても採算が見合うと判断できるなら、もっと広告費を増やすという判断もできます。

獲得コストばかりに囚われると売上に繋がらないことも

　一見して、階層毎に最適な一次コンテンツを用意することができれば、マーケティングファネルの下層（顕在層）は獲得コストが高く、上層（認知層）は安く見込み客を獲得できる算段が成り立つように見えます。

　しかしながら、マーケティングファネルの上層は問い合わせや注文につながるまでの時間や行程も長く、マーケティングファネルの形が漏斗の形で表されるように顕在層に来るのはその中でも一部の見込み客なので、見込み段階の顧客を獲得するだけでは売上につながらないこともあるのです。

　Web広告を実施する場合は、獲得コストばかりに囚われずにマーケティングファネルのどこに注力するべきかを決めて取り組むことが必要です。

　時には無料のコンテンツだけでなく、1000〜5000円などの安価なCPAの層に切り替えることで、より顕在層に近い見込み客が獲得でき売上に繋がるスピードを速くすることもできます。

　私の会社も無料のコンテンツは未来の見込み客として、一方で2ヶ月後の見込み客は5000円や3000円の体験セミナーに誘導するようにしています。

中小企業が取り組むべきWeb広告施策
実践のポイント

施策の基本。リスティング広告の特徴

　各広告施策について少し詳しく説明していきます。まずは中小企業にとって中心的なWeb広告施策となるリスティング広告（検索連動型広告）です。

リスティング広告の例

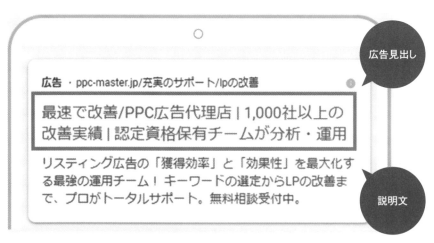

リスティング広告はGoogleやYahoo!の検索結果ページにおいて、ユーザーが検索したキーワードに関連する広告をテキスト形式で掲載する広告手法。

Googleなどで検索し、検索結果にあるWebサイトを訪れるユーザーは課題意識が明確です。そんな「顕在層」や、より検討度合いの高い「検討層」を獲得するのにリスティング広告は適しています。

リスティング広告において重要なのは、検索キーワードの選定です。ユーザーが抱える課題のうち、「実際に検索している言葉」を選定しましょう。

例えばあるユーザーが、「Webマーケティングを本格的に学びたい」と言う課題を持っていた場合、「Webマーケティング 研修」「Webマーケティング セミナー」などで検索すると考えられます。このように、ユーザーの解決手段に役立つキーワードを考えましょう。

「Webマーケティング 方法」「Webマーケティング 学び方」というキーワードは手段やサービスの単語が含まれておらず、これらは情報収集のキーワードになり、目的に合わせたものになります。

検索キーワードの選定は、その目的が問い合わせや注文の獲得にもかかわらず、マーケティングファネルの上層で検索するキーワードを設定しているなど、目的と合わないキーワードにしないように注意して選定していきましょう。

リスティング広告を成功させるポイント

リスティング広告を成功させるポイントを簡単に説明します。

●キーワード選定のポイント

キーワードの選定は以下の点に注意して行ってください。

❶ CVに近いキーワードか

❷ 必要な検索ボリュームがあるか

🔍 **PPC広告**　Pay Per Clickの略で、クリック報酬型広告のこと。クリックした時点で広告費用が発生する広告のしくみ。リスティング広告、ディスプレイ広告はPPC広告の一種。

❸ ユーザーニーズと商品特性はマッチしているか

例えばデジタルマーケティングの会社である私の会社が広告を出すと仮定して、キーワード候補をいくつか挙げてみると次のように

三つのポイントでキーワード候補を比較

キーワード候補	CVに近いキーワード	検索ボリューム	ニーズマッチ度
Webマーケティング セミナー	◎	△	◎
マーケティング セミナー	○	○	○
Webマーケティング	×	◎	×

なります。

上の表の「Webマーケティング セミナー」は、Webマーケティングのセミナーを探しているユーザーが使うキーワードです。ユーザーの課題や目的意識と合致しているので、CV につながるいわば近いキーワードといえます。

ニーズマッチ度に「◎」とあるのは、競合他社と比較された時にも優位性が発揮できるという意味です。当社の場合、現役のマーケターが代理店の豊富な事例と一緒に講座を提供しているのでユーザーニーズともマッチしています。2段目の候補の「マーケティング セミナー」は、「Webマーケティング セミナー」よりも広い概念になり、そのため検索のボリュームは増大するものの、この講座ではデジタル関連ではないマーケティングは教えないのでニーズマッチ度が弱くなります。

検索エンジンによるSEO対策とは違い、リスティング広告の場合はクリックごとに広告費がかかります。ニーズにマッチしないユーザーが多く含まれるキーワードは費用対効果の悪化につながります。

ニーズにマッチしているかの判断は、広告の費用対効果を高める上で最も重要な指標になっています。2段目の「マーケティング セミナー」も、「Webマーケティング セミナー」のようなピンポイントなニーズのキーワードに比べて意図が広いキーワードになりますので、当然検索ボリュームは増えるものの費用対効果が合うかどうかが掲載のポイントになります。

費用対効果が合えばCVを多く獲得できるキーワードになりますし、費用対効果が合わなければ掲載停止の判断をすることになるでしょう。

一番下の「Webマーケティング」は、検索ボリュームが最も大きいものの、その言葉が示す範囲が広すぎます。「Webマーケティングってなに？」「用語の意味を知りたい」という情報収集目的のユーザーも検索してくるキーワードでもあり、問い合わせにつなげるには遠いユーザーが多く含まれる事が想定できます。検索広告を使うのであればもう少し顕在層に近いキーワードを狙うとよいでしょう。

このように比較検討した結果、広告に使用するキーワードとしては「Webマーケティング セミナー」が最適と判断できます。もちろん、「Webマーケティング セミナー」だけでは必要なアクセス数を確保することが難しいので、さらにキーワードを分類してキーワードを網羅していきます。

講座の販売目的であれば、そこから「YouTube広告 セミナー」「コピーライティング セミナー」「フェイスブック広告 セミナー」など、講座の内容も含めたニーズマッチ度が高くCVに近いキーワードを網羅して設定することでアクセス数を確保していきます。

なお、必要なキーワード数はビジネスモデルによってさまざまです。数件のキーワードでCVの8割を獲得できるビジネスもあれば、数百件のキーワードでCVを獲得しているビジネスもあります。

商品数が少ないBtoBビジネスはキーワード数が少なくなる傾向

があり、逆に商品数が多いECサイトなどはキーワード数が多くなる傾向が強くなります。

●広告見出し・説明文（タイトル・ディスクリプション）の工夫

　キーワードを選定したら、次は広告見出し・説明文（タイトル・ディスクリプション、以下TD）を考えます。以下の点に注意してTDを作成してください。

❶検索キーワードが含まれていること
❷サービスの特徴が端的に伝わり、クリックしたくなるTDであること
❸競合と比べて検索画面である程度目立つ工夫をするとなお良い
　（「実績1,000社以上」といった数値を入れるなど）

●ランディングページとの一貫性

　リスティング広告からランディングページ（LP）にアクセスさせる場合、LPの内容は、広告文を見てクリックしたユーザーが期待しているものと一致していることが理想です。**TDとLPのメインビジュアルのキャッチコピーは同一か、つながりのあるもの**にしましょう。

リスティング広告とランディングページの一貫性

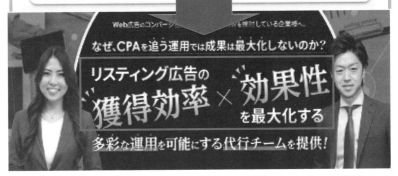

リスティング広告のTDとLPとキャッチコピーは同じか、共通するものであることが前提。一貫性がないTDにしてしまうとユーザーの信頼を損ねる。

Facebook広告・ディスプレイ広告・記事広告の利点を把握してCVの獲得に活かす!

Facebook広告の特徴とポイント

　Facebook広告はFacebookのタイムラインなどに表示される広告です。ビジネスシーンでもFacebookを名刺代わりに使ったりするケースも増えてきていることから、検索広告よりも安く良質なリードを獲得できるようになっています。

　検索広告ではキーワード設定で広告掲載し、顧客属性をセグメントしていきますが、Facebook広告はターゲティング（顧客層を指定すること）を細かく設定できるので、検索広告では出会えないユーザーに訴求することが可能です。

　わざわざ検索することはなくても、広告を見た時に「言われてみればそんな課題はあるな」と思わせることで、ユーザーに関心を持ってもらい、アクセスにつなげることができます。リスティング広告のキーワード候補の検索ボリュームが少ない場合や、検索広告のライバルが強い場合、新商品のアピールにはFacebook広告が適しています。

　検索広告のようにライバルと一覧表示されないというのもひとつの魅力でしょう。

　私の会社の場合、「御社のWebチーム」という名称で独自サービ

スを提供しています（第5章のコラムで詳しく説明します）。ですが、独自のサービス名であり、知名度が高いわけではないので、このキーワードでそのまま検索してくるユーザーはいません。

　そこでリスティング広告ではなくFacebook広告を利用して、「Web運用でこんな課題を抱えていませんか？」「Webマーケティング人材にお困りではありませんか？」といったメッセージを打ち出して、Facebookを見ているユーザーに訴求しています。

　これにより「他サービスを利用しているが満足できていない層」として、「準顕在層」「潜在層」のユーザーにアプローチできることになり、比較的低コストで問い合わせや資料請求などのCVを獲得することが可能になっています。

Facebook広告の一例

いくつかのパターンでFacebook広告を掲載。「詳しくはこちら」をクリックするとLPに飛ぶ。
LPでは「30分無料コンサルティング」を提供する代わりにリードを獲得する。

Facebook広告での成功の秘訣

Facebook広告は目的とする購買層を見据えたターゲティング設定やコンテンツ制作の方向性を決める見せ方やキャッチコピーなどのクリエイティブの設定が成功の秘訣です。

❶基本的な設定でユーザーの属性を絞り込める
❷興味関心
❸類似オーディエンス
❹リターゲティング

といった配信手法を利用できます。ターゲットユーザーの検討度合いに合わせて配信手法を使い分けることで効果の最大化を狙いましょう。

①基本的な設定

広告で訴求したいオーディエンス（Facebookユーザーのこと）の地域、年齢、性別を設定できます。

・地域：都道府県別の設定や、首都圏に絞るなどの調整も可能。
・年齢：ターゲットの年齢層を絞ることができる。
・性別：男性のみ／女性のみなどの設定もできる。

②興味関心やノンターゲティング【認知目的に】

Facebook広告では、ユーザーの興味・関心、行動などでのターゲティングも可能です。興味・関心・行動はFacebook投稿への「いいね！」やユーザーが登録しているお気に入りのグループなどが考慮されるため、精度の高いターゲティングの一因になっています。

興味・関心や行動を設定することで、自社サービスに関連したキーワードを含む投稿をしたユーザーに訴求できます。新商品・サービスをアピールして認知拡大を狙いたい時に活用するといいでしょう。

また、何もターゲティング設定をせずにクリエイティブによって

ユーザーを限定するというテレビCMのような使い方も認知目的であればおすすめです。

③類似オーディエンス【CV獲得目的に】

　類似オーディエンスは、ある人々に共通する特徴（趣味・関心など）をFacebookが探し出し、共通点が多い他のユーザーに向けて広告を配信できる機能です。

　既存のCVユーザーの属性データをFacebookが分析し、そのデータを元にFacebook広告が自動で類似したユーザーをFacebook上から見つけ出してターゲティングしてくれます。

④リターゲティング【CVの増大刈り取りに】

　一度自社の広告を見た人や自社のWebサイトに訪れたことのある人に、再度広告を表示する設定です。自社サイトに訪れた人をFacebook上で追跡広告することができるので媒体を横断して見込み客の離脱を防ぎ売上アップに貢献してくれます。

　Facebook広告単体では採算が合わないけれど、検索広告や他媒体からサイトにアクセスが多く集まっている方には効果的です。

ディスプレイ広告の特徴とポイント

　次にディスプレイ広告です。ディスプレイ広告とは、Yahoo!など
のポータルサイトやニュースサイト、ブログ、スマホのアプリなど
に表示される広告枠へ配信される広告です。画像1枚のイメージ広
告や、テキストと画像がセットになったレスポンシブ広告などがあ
ります。

Facebook広告の一例

イメージ広告

レスポンシブ広告

上段はディスプレイ広告（イメージ広告とレスポンシブ広告）の例。ゴルフメディア「GOLFavo」
の中では、記事の下の方にある赤枠の部分にディスプレイ広告を設置している。

ディスプレイ広告はユーザーがネットサーフィンをしたり、ニュース記事を読んでいたり、アプリを利用していたりする時に、ひょっこりと広告を表示させます。

　リスティング広告と比べて直接のCVは生まれにくいものの、まだ自社商品やサービスを知らないユーザーにアプローチできるというメリットがあります。そのため、認知拡大に適しています。

　また、検索広告に比べてクリック単価が安く出稿できるのが特徴です。Facebook広告同様、認知とＣＶ両方とも狙えますが最近の傾向ではFacebookよりも認知向きの傾向が強くなってきています。

　例えば、「ホワイトペーパーのダウンロード」「LINE登録」「無料お試しの請求」などのCVを獲得するのにディスプレイ広告は適していますが、有料商品の販売や問い合わせを直接獲得するには難易度が高いです。

　広告媒体毎にターゲティングの精度や運用の難易度は変わるので現時点ではディスプレイ広告に取り組む前にFacebook広告を実施するのを推奨しています。

●イメージ広告・レスポンシブ広告の実施ポイント

　ディスプレイ広告は、サイト内の記事を読んでいる際に広告が表示されるので広告色の強いバナーはクリックされない傾向があります。とはいえ、商品を匂わさないイメージを作ってもリード獲得につながらないので注意が必要です。

　分かりやすくかつ売り込み感が強くない情報提供も含めたイメージを作るとよいでしょう。

　また、画像とセットでテキストが表示されるので、テキストは「課題を解決するコツや新情報」を匂わすコピーを使い、画像では対象を表す画像などを盛り込むとよいでしょう。

レスポンシブ広告の例

お客様のイメージ広告（160×600）の例

成長型LP
だから売上
が上がる

1,000社以上の運
用から蓄積したノ
ウハウと最新デー
タに基づいて
Web広告運用を代
行。

リスティングプラス

お客様のイメージ広告（300×250）の例

成長型LPだから売上が上がる

1,000社以上の運用から蓄積したノウハウと最
新データに基づいてWeb広告運用を代行。
リスティングプラス

お客様のテキスト広告（300×250）の例

成長型LPだから売上が
上がる

リスティングプラス

1,000社以上の運用から蓄積したノウハウと、
最新データに基づいて Web広告運用を代
行。

詳細

ディスプレイ広
告は、まずわか
りやすいこと、そ
して広告っぽく
しないのがよい

記事広告（ネイティブアド）のポイント

　記事広告は、商品・サービスのことを記事風に紹介した広告のことを指します。記事広告を掲載するメディアでは、一般記事と同じフォーマットで記事広告が配信されるので、「広告＝鬱陶しい」といった印象を与えることなく読んでもらえます。

記事広告とは

記事の中に挟む記事風の広告

グノシー、スマートニュースなどのニュースメディアを使った広告

「スマートニュース」より引用　　「東洋経済オンライン」より引用

記事広告は主に認知獲得からＣＶ獲得を目的とする広告で、

・大手ニュースメディアにいるユーザーにアプローチできる
・記事を挟むことで広告臭が軽減できる
・自覚していなかった課題に気づいてもらえる

などのメリットがあります。

また、運用のポイントとしては、以下の点が挙げられます。

・ターゲット属性に合った広告メディアの選定を行う
・潜在層向けのため、直接の問い合わせや定期コース販売よりも
　お試し商品や動画コンテンツなど敷居の低いサービスが適切
・記事はユーザーの不安を煽るものではなく、適切な情報を元に
　ユーザーのためになるコンテンツを提供し価値のある物にする必要
　がある

運用型広告やSNSを活用して
見込み客を効率よく集めよう!

運用型広告のチェックポイント

運用型広告という呼び方があるように、最初に広告を出して終わりではなく、状況を日々分析し、改善していくことで効果を高めていく運用が大切です。そのポイントは以下の通りです。

①カスタマージャーニーマップで考える

運用の方法については、ネットや書籍でも学べます。また、専門家に任せることも可能です。

ただ、自社の商品・サービスの強みはどこにあり、ペルソナはどういう人で、どういうプロセスを経て購買に至るのか、これは検索しても答えが載っているわけではありませんし、Webマーケティングの専門家に必要な情報を提供しないと彼らも正しい判断ができません。自社のことは経営者・担当者であるあなた自身が一番わかっていることなのです。

したがって専門家を使う場合でも、自社で運用する場合でも、まずはカスタマージャーニーマップをしっかりと作り込み、そこからマーケティング施策を選び、実行していくことが大切です。

②受注につながるリード獲得を意識する

ホワイトペーパーやメルマガ、動画コンテンツなどを活用したと

ころ、多くのCVが獲得できたものの、肝心の受注につながらないという問題に当たることもあります。

　例えばホワイトペーパーをダウンロードできるという特典を付けてLPとディスプレイ広告を展開したところ、多くの反応があり、たくさんリードを獲得できた。しかし、無料で情報を得たいというユーザーばかりで、具体的な受注や問い合わせはほとんど発生していない……。というケースです。

　それはおそらく、ホワイトペーパーや動画コンテンツが、ペルソナの悩みに対する解決コンテンツとして成立していないことが原因と考えられます。ユーザーの課題に即していないコンテンツで人を集めてしまうと、受注につながりません。

　いくらCVが増えても受注につながらないユーザーばかりでは意味がありません。セールスチームから定期的に、アポイントメントの状況や商談進捗などをフィードバックしてもらい、受注につながりやすいキーワードや訴求軸を見つけ、時にはコンテンツを有料にして顕在層に近い層を狙うなどして最適化していきましょう。

③ライバルに負けない魅力的なサイトを構築する

　優良リードを集めることがても、魅力的なサイトを用意できていなかったり、顧客の不安やQ＆Aに答えるコンテンツがない場合はうまく売上や問い合わせに繋げることができません。

　それは穴の開いたバケツに水を入れるようなものと言えます。自社のWebサイトが一番売上に近い要素になるので、顧客にとって魅力的なサイトを構築し時代やニーズに合わせて適宜アップデートをしていきましょう。

ネットでもたくさんの情報を拾える

　各種広告施策のキーワード選定方法やTDの作成方法、広告設定画面の操作方法などは、インターネットや書籍で探せばたくさんの情報を得ることができます。

　当社のオウンドメディア「リスプラマガジン」でも初級者向けから中上級者向けまでさまざまな記事を載せていますので、それらを参考に取り組んでみてください。

広告やWebマーケティングに役立つ情報が豊富な「リスプラマガジン」
https://ppc-master.jp/labo/

DX時代のデジタルマーケティングの具体的な手順!

攻めのDX視点で、デジタルシフトが可能な工程を検討しよう!

チャットボットでユーザーにマッチした情報を提供する

　例えば、ユーザーの課題を解決するような情報を提供するLPを作り、Facebook広告からLPへのアクセスを図るという施策がありますが、これを嫌うユーザーはいます。タイムラインで知人の動向を見ていただけなのに、なぜかあまり関心のない広告を出され、クリックしたら別サイトに飛ばされてしまうのですから、イラッとするのは当然です。場合によっては、その広告主に対して悪いイメージを抱いてしまうこともあります。

　このような問題を解決するようユーザーの興味にマッチしたサービス案内を行うために有効なツールが「チャットボット」です。

　Facebookのチャットボットは、次のような流れでユーザーを誘導します。ユーザーがFacebookを見ていて気になる広告をクリックした時に、Facebookのチャットツールである「Facebookメッセンジャー」が立ち上がり、ユーザーに質問をします。対話形式でその質問に答えていくとユーザーの課題が明確になり、その課題を解決するために適切なLPや最終的なCV（問い合わせや資料請求）にたどり着くという流れです。

　チャットボットを使うことで、シナリオに沿ってユーザーと対話しながら、答えに応じてLPを出し分けるなど、よりユーザーにマッチした対応ができます。

Facebookのチャットボットの流れ

①Facebook広告から
チャットボットへ誘導

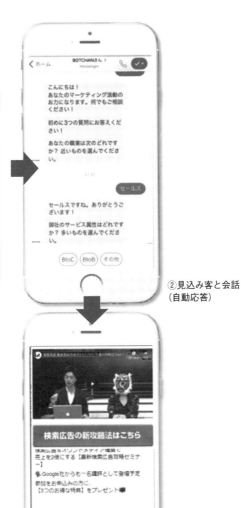

②見込み客と会話
（自動応答）

③サービス紹介用
のLPや動画コンテ
ンツへ

広告をクリックすると自動的にメッ
センジャーが起動してチャットボッ
トが現れ、あらかじめ決められたシ
ナリオに沿って対話が始まる。

151

チャットボットでユーザーの議題を明確にする

　例えば経営セミナーの案内なら、チャットボットが経営に関する悩み事・困り事を質問していき、最終的に「組織構築の悩み」「マーケティングに関する悩み」「管理面の悩み」など課題を明確にしてから、課題にマッチしたセミナーの案内を提示する、といったことも可能です。

　もちろん、自社の商品とマッチした課題を抱えていないユーザーには、LPなどの情報を提示しないことも可能です。また、ユーザーが途中でチャットボットとの対話をやめても、それ以上追いかけたりはしません。あくまでも、ユーザーのニーズに沿った情報提供ができるということです。

チャットボットのユーザー側のメリット

　チャットボットのユーザー側のメリットとしては、
・電話やメールで問い合わせをすることに抵抗感がある場合も、チャットなら気軽に問い合わせられる
・氏名・年齢・生年月日などの個人情報を入力しやすい
（一つひとつの項目をチャットボットの案内に沿って入力していくため）
といった点が挙げられます。一方、企業側には、
・ユーザーとの接点が増加する
・問い合わせ対応を効率化できる
・ユーザーにマッチした情報提供ができる
などがあります。

LINEのチャットボットの例

行政のLINE公式アカウントのチャットボット。「スマホでお医者さん相談」をクリックすると
チャットボットが立ち上がり、症状などを質問していく。ユーザーはそれに答えていくことで、
新型コロナウイルス感染の可能性や今後の対応を把握できる。

チャットボットを活用して1to1コミュニケーション

　こうしたチャットボットは、FacebookだけでなくLINEも提供し
ています。行政のLINE公式アカウントでも、上のようなチャット
ボットを使う例はよく見られるようになってきました。

　従来のWebマーケティングは、リスティング広告やディスプレイ
広告などから誘導し、LPなどで情報を提供して、後は「この商品に
興味がある方はお問い合わせください」というものでした。ある意
味、一方的なコミュニケーションだったといえます。

　一方、チャットボットを使い、いくつかのシナリオパターンを用
意しておけば、ユーザーの興味関心にマッチした最適な提案を行え
ます。このような、**かゆいところに手が届く、双方向かつ1to1コ**

ミュニケーションでのマーケティングがこれからの時代は求められ**ていく**のではないでしょうか。

チャットボットは近い将来、当たり前のツールになる

「チャットボットなんて、流行りのツールでしょ。うちは使う必要ない」なんて考えていたら、他社に後れを取ることになるかもしれません。

広告に限らず、Webサイトからの問い合わせでも、チャットボットを活用する例が増えています。今後、これがもっと普及し、当たり前の時代になっていくと、どうなるでしょうか。ユーザーは、Webサイトに電話番号を書いてある会社への問い合わせは「面倒くさい」と感じ、チャットボットを設置してある会社の方に問い合わせるようになります。

より便利にスピーディーに課題解決をしてくれる会社にユーザーは流れていくことになります。流行り物だからといって斜に構えるのではなく、ユーザーにメリットがあるツールであれば積極的に使う姿勢が大事といえます。

DX時代のデジタルマーケティングの具体的な手順!

オンライン説明会・勉強会・セミナーを
活用して商品を販売しよう!

DX時代の中小企業のデジタル化

　本当の意味でのDXを推進するには、マーケティングというよりもビジネスモデルそのものをデジタル化する必要があります。

　ある家庭教師会社が始めた「オンライン家庭教師」がいい例です。従来の家庭教師ビジネスは、地域によるサービス格差が大きいことが課題でした。都市部では家庭教師になる人材も生徒数も多いので成り立つビジネスでしたが、地方では両方が少ないために成り立ちません。これを解決するのが「オンライン家庭教師」です。

デジタル化の取り組み例

表情解析や手元のカメラからオンラインで
生徒の理解度をチェックできるようなって
いる。

販促からオンライン化していくためにオン
ライン勉強会やセミナーを始める

左はビジネスモデルをオンライン化した家庭教師サービスの例。生徒の顔だけでなく手元も映すことで、教師は生徒の理解度を把握できる。右はオンラインセミナーの例
株式会社シンドバッド・インターナショナル「メガスタディ」より引用

オンラインであれば、地域に関係なくサービスを提供でき、家庭教師の移動時間を削減できるメリットもあります。

　このオンライン家庭教師のポイントは、生徒の顔だけでなく手元もカメラに収めることです。顔の映像だけでは、生徒がノートを正しく取っているのかがわかりません。そこでカメラで手元も見えるようにすれば生徒の理解度を確認しながら授業を進められます。さらにAI搭載のカメラで生徒の表情を分析することで、現実での対面と変わらない家庭教師サービスが受けられる時代になってきています。

　このように、単にオンライン化するだけでなく、きちんとサービスとして成り立つようなビジネスモデルを設計することで、対面で授業を行うのと変わらない価値をユーザーに提供できています。ビジネスモデルのデジタル化に取り組むなら、ここまで踏みこんで実践する必要があるでしょう。

　ただこのようなレベルでサービスを開発することは、中小企業にとってはハードルが高いといえます。そこでDX時代に合わせた最初のステップとして、まずはマーケティングの領域のオンライン化に取り組むことをおすすめします。具体的には、オンラインによるセミナーや説明会、勉強会、商談、コンサルティングの実践です。

オンラインセミナーのメリット

　オンラインセミナーや説明会のメリットは第一に場所を選ばないこと。来場者は移動する必要がないため、全国どこからでも参加できます。主催者は会場を借りる費用を節約できるのはもちろん、準備も最小限で済みます。1回の配信で大人数を相手にするセミナーも、小規模セミナーと変わらない手間で実施できます。

　リアルタイムでセミナーを実施すれば、ユーザーとセミナー講師

が直接コミュニケーションを取り、質問に答えながら商品・サービスをアピールできます。

　録画したセミナーを配信する方法もあります。録画セミナーであれば、動画をわかりやすく編集したり、テロップを入れたりなどの工夫ができます。録画なのでユーザーは24時間いつでも好きな時に視聴可能です。

オンライン体験会で60万円の講座に10人申し込み

　私の会社でも、Zoomによるオンラインセミナーや講座をいろいろな形で実施しています。例えば、「オンラインSEOライター養成講座」もそのひとつです。

オンライン体験会のLP

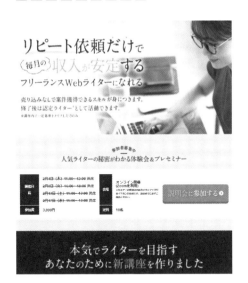

　この本講座（受講料60万円）の参加者を募るためにオンライン体験会（参加費3000円）を企画し、Web広告で参加者を集めました。その結果、17名のお客様が参加してくださり、そのなかから10名が

本講座に申し込んでくださいました。

　このWeb広告には約16万円ほどかかったのですが、結果として600万円の売上をつくったことになります。

　通常のLPや、Webサイトでの説明文で集客しただけでは、これほどの売上は作れなかったでしょう。オンライン体験会でサービスの内容を説明し、質疑応答でユーザーの疑問や不安を解消し、価値を理解していただいたからこそ高額商品が高い成約率で売れました。オンラインセミナーの強みが生かされたのだと思います。

オンラインでの有料セミナーも当たり前の時代

　もうひとつ、Facebook広告とInstagramの広告戦略セミナーをオンラインで実施した例もご紹介します。こちらもZoomを使ったセミナーで、参加費は2万4800円に設定しました。その結果、

・セミナー売上　　約400万円
・広告費　　　　　約210万円
・見込み客　　　　200社獲得（うち31社が無料相談に申し込み）

　このような成果を上げることができました。売上を上げながらも見込み客を獲得できたのです。

　従来、リアルで行っていたセミナーなどをオンライン開催とした場合、参加費は無料になることがよくありました。しかし現在のようにオンライン開催が一般的になってくると、同様のオンラインセミナーのなかでも優劣がつくようになり、価値のあるセミナーには有料でも参加したいと考えるユーザーが多くなっています。

　オンラインセミナーを有料で開催して参加者を集められれば、より大規模な販促費を投下して大量の見込み客を獲得する戦略も成り立ちます。

オンラインセミナーや説明会を価値あるものにするためにも、経験の蓄積は欠かせません。まずは取り組みを始めてみて、少しずつ改善して価値を高めていきましょう。

200社の見込み客を獲得した広告戦略セミナーのLP

セミナー参加者に特典を付けてプレゼントする

👆 アドバイス

商談やコンサルも
オンラインの時代

商談やコンサルティングのオンライン化も進んでいます。オンラインであれば場所を問わないので、ユーザーは自宅などで手軽に受けられ移動時間がかからないメリットがあります。ビジネスによっては海外の顧客をターゲットにすることも可能です。

DX時代のデジタルマーケティングの具体的な手順!

バリューチェーンをDXすることで
競合優位性を構築できないか検討しよう

バリューチェーンの再構築で差別化を図る

　デジタルマーケティングを成功させるためには、バリューチェーンの再構築を行うこともポイントのひとつです。

　バリューチェーンとは、事業活動を機能ごとに分類し、どの部分（機能）で付加価値が生み出されているか、競合と比較してどの部分に強み・弱みがあるかを分析し、事業戦略の有効性や改善の方向を探ることを指します。この再構築に取り組むことが、DXの時代には

製造業のバリューチェーンの例

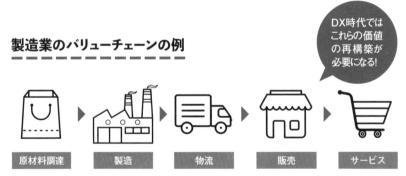

製造業の場合、それぞれの行程で素材、販売ノウハウ、サービスに付加価値をつけて顧客に届けるなど、機能を分類し、分析すること。

求められています。

　バリューチェーンの再構築に成功した有名な例では、QBハウスがあります。「10分で1000円カット」のQBハウスでは、従来の理容室・美容室の常識だった、シャンプー→カット→ヒゲ剃り→マッサージ、といったサービスフローを見直し、カットだけに特化した低価格でスピーディーなサービスを構築しました。バリューチェーンを見直すことで競合優位性を構築したひとつの例といえます。

　スターバックスコーヒーも同じです。スターバックスでは、コーヒーで差別化するのではなく、「サードプレイス」を標榜し、店舗空間で差別化を図りました。居心地のいい家具を使う、においの強い食事を提供しない、全面禁煙にするなども、快適な空間づくりの一環です。バリューチェーンの中の店舗空間に目を付けて再構築した例といえます。

　新型コロナウイルスの流行によりDXが強制的に進み、消費者の心理や購買心理プロセスが大きく変化するなか、バリューチェーンの再構築に取り組み成功する企業は増えています。

　例えば、オンライン診療から服薬指導、薬の宅配までをワンストップで提供する「SOKUYAKU」というアプリ（サービス）があります。かつては病気になったらGoogleマップで病院を検索して、予約して、病院に赴いて診察してもらい、処方箋を受け取り、薬局へ行って薬をもらう、というのが一連の流れでした。

　「SOKUYAKU」では、これらのプロセスを家にいながら済ませることができます。従来のバリューチェーンを再構築した、DX時代ならではのサービスといえるでしょう。

バリューチェーンの再構築に取り組もう

　あなたの会社も消費者の変化に合わせて、バリューチェーンのな

🔍 サードプレイス　　自宅や職場ではない心地よい第3の居場所を指した店舗づくりのこと。

かで再構築できる部分がないか考えてみてください。例えば以下の
ような点を見直してみるといいでしょう。

❶顧客接点は適切か
❷サービス提供フローでDX化できるところはないか
❸サービス提供フローで付加できる点はないか

Web上での動きに置き換える

対面ではなくオンラインで接客する、紙の書類を廃止しデジタル
データ化するなど、ビジネスモデル自体の改善まで行かなくても、
既存のバリューチェーンを再構築して、オンラインシフトすること
で、ユーザーにとっての利便性が上がればより顧客に選ばれやすく
なるはずです。

例えば次のようなオンラインシフトが考えられます。

●動画コンテンツの活用はできないか

DXが求められる時代です。まずは既存のサービス提供の流れの中
で、動画などで価値提供ができる部分がないか検討しましょう。

●オンラインセミナーやライブ販売はできないか

世の中でも対面販売ではなく、オンラインセミナーや視聴者との
やり取りを行うライブ販売を利用した販売促進の取り組みは加速し
てきています。自社でも利用できないか検討しましょう。

●チャットボットやAIは取り入れられないか

営業時間内にしか問い合わせに対応できない、ヘルプ情報が多す
ぎて知りたい内容がすぐに見つからないサイトは多いです。チャッ

トボットやAIを使ってユーザーが瞬時に欲しい情報を手に入れられるように改善を検討しましょう。

　このような視点で顧客に選ばれる商品・サービスづくりを継続的に行いましょう。

📖 Column

【事例紹介】メイク教室や家庭教師も
デジタルシフトで成功する

　ビジネスをデジタル化したメイク教室運営会社の事例を紹介します。この会社は従来、Web広告やブログでユーザーを集客して、体験会に参加してもらい、有料講座に申し込んでもらう集客施策を行っていました。しかしコロナによる緊急事態宣言の影響でメイク教室への集客数は低下。コロナ対策の一環としてオンラインによるサービス提供を始めました。

　体験会も教室も全てオンラインで受けられるよう、動画コンテンツの充実、会員サイトやZoomによる受講や資料提供もアップグレードしています。

　現在では通常の来場コースも再開しましたが、「リアルでもオンラインでもサービスが受けられる」という利便性が顧客に受け入れられ、体験会や本講座はすぐに満席になっ

体験会も本講座もオンライン化

シンデレラメイクレッスン体験会
受講料：6000円
https://hoshiyasue.com/cinderella-make02/

シンデレラメイクレッスン
本講座の受講料：5万円～

てしまう繁盛具合です。

　対面とオンライン、両方のサービスメリットを上手く組み合わせてコロナ禍でも安定した事業経営を行っています。

デジタルシフトの展開

CV数：144%増加、CPA：48%削減！
動画を使ったマーケティングも好調！

「貯金や保険よりも堅実に資産を増やす方法」E 125%
∞ 限定公開

4,149 回視聴・2021/08/19

5Gの導入や芸能人のYouTube進出も相まって、YouTubeを使ったデジタルマーケティングも流行り始めています。上記の動画広告では、Facebook広告で順調に新規顧客の集客を行っていましたが、ライバルの増加により1件当たりの獲得コストが増大し、利益を圧迫していました。

　そこでFacebook広告を行っているLPや広告文の内容を

■ Column

YouTubeの動画広告に転換して配信することによって、新規の見込み客は1.4倍、獲得コストを約半分に削減することに成功しています。

このように静止画やテキストを使った販促は、より豊富な情報量が伝わる動画を使った販促へと移っていくことでしょう。

弊社運営のYouTubeチャンネル「YouTubeのコンサルチーム」でもYouTubeを対象にした集客のポイントを随時解説しているので、ぜひ参考にしてみてください。

「YouTubeのコンサルチーム」
https://www.youtube.com/channel/UC-IN4KE0R_
MPcmXGPq5hG2w

売上アップを加速させる
「御社のWebチーム」を結成しよう

人材の選定、最終目標の設定、「一次コンテンツ」の作成、施策の選択を経て、Webでの販促の形ができたかと思います。ですが、展開後の顧客のリピートなど継続的な動きに繋げるには、チームの力が必要になります。本章では、担当者だけに任せず、チームとしての展開で大きな成果に結び付ける方法を解説します。

05-01

売上アップを加速させる「御社のWebチーム」を結成しよう

デジタルマーケティングにはスピード感、結束、目標設定が欠かせない

ダラダラやっていては競合に負ける

　デジタルマーケティングで売上アップを目指すには、それなりの手間と費用をかける必要があります。デジタルマーケティングは会社経営に直結する戦略ですから、人員やお金を投下した方が成果を出しやすいことは当たり前です。できれば社内にチームを結成して一気呵成に進めることをおすすめします。

　業種や規模が同じような会社がデジタルマーケティング施策を展開していた場合、最終的に優位に立つのは、更新頻度が高く、ドメインパワーが強く、経験・ノウハウを蓄積している会社です。のんびり細々とやっていてはライバルに負けてしまいます。

　YouTubeチャンネルでも同様です。内容が同じようなチャンネルがあったら、よりよい動画を、より頻繁に公開しているチャンネルの方がYouTubeのアルゴリズムに高評価されやすく、その結果表示回数が増えるのでユーザーの目に留まりやすくなります。たくさんの動画をアップするためには人手が欠かせません。

　圧倒的に優位性のある商品・サービスを持つのなら、マーケティングにリソースを割かなくてもいいかもしれませんが、実際にはそんなケースはほとんどありません。競合がいるなかで売上の基盤を

 ドメインパワー　Webサイトのドメインに対するSEO視点での強さ。同じようなコンテンツがインターネット上に公開されている場合、ドメインパワーが強い方が検索結果の上位に表示される。

168

いち早くつくるためには、時間と手間をかけて、自社のWebチームをつくってスタートダッシュすることが重要です。

チームで取り組むことで成功確率を上げる

当社のゴルフYouTubeチャンネル『GOLFavo（ゴルファボ）』は、ディレクターが1人で企画・出演・運営を担当していますが、動画の編集やサムネイルの作成については、チャンネルのコンセプトを理解してくれる外部のフリーランスに任せています。それも同じ人に継続的に任せるようにしています。

一定の品質で高い頻度で動画を公開するためには、外注感覚ではなく、一緒にチームの感覚を持ってもらう必要があるからです。なおこのYouTubeチャンネルの広告収入は月200万円ほどありますが、外注費には毎月50万円以上かけています。運営初年度は、広告収入が得られなかったので毎月赤字でしたが、1年かけて黒字化して現在も収益は伸び続けています。

当社ではTwitterも運営していますが、これは担当者1人ではなく、社内でチームを結成して運営しています。チームメンバー全員がそれぞれ会社名を記載したアカウントを作り、日々ツイートしています。全員でツイートするという体制を構築することでコミュニケーションや目的意識が活性化し継続につながるからです。また、一つひとつのアカウントのフォロワー数は少なくとも、それらが束になることによってTwitter内での存在感が上がっていきます。企業がブランディングや認知目的などでTwitterを行う場合には、チーム体制で取り組むのがいいでしょう。

広告においても同様です。広告運用者のみに丸投げ状態では、高品質な運用はできません。記事ライター、デザイナーなどに役割を分担させ、それぞれの分野でスキルを磨かせていった方が、より高

品質な広告運用や精度の高い分析を行えます。

ゴールに向かって最適な設計を

　これまで説明したようにデジタルマーケティングでは、ゴールに
向かってプロセス全体を設計することが大切です。ゴールが「認知」
だけならあまり難しく考える必要はありませんが、「売上」なのであ
れば、少し難しくなります。

　「売上」の場合、自社商品・サービスに対するニーズを持っている
人の認知を獲得する必要がありますし、認知してくれた人に対して
は商品内容やサービスを利用するメリットを詳しく理解してもらわ
なければなりません。そして最終的に資料請求や注文などのアクショ
ンをとってもらう必要があります。そこまで持っていくには、認知
から購買まで多様な施策を連動しながら展開していくことが求めら
れるわけです。

　さらに最初に実施したWeb広告が上手く行き、そこそこの売上が
作れたとします。しかし、自社で簡単に売上が上がるということは
ライバル企業も同様の手法で売上が上がる可能性が高いということ
にもなります。

　今上手く行っている施策に満足して、その施策一辺倒では継続的
な成長は見込めません。これまでも説明しましたが、短期的な施策
と中長期的な施策を必ず行っていきましょう。

　Web広告はあくまでマーケティングファネルの下層を攻める施策
ですので、獲得できる絶対数には限界があります。前年よりも「売
上」を上げてビジネスの成長を望むのであれば、下層の施策を維持
しながら、意識的に上層の施策にリソースを移していく中長期的に
行う必要があるのです。

　また、これらの施策を続けることは参入障壁になりえます。Web

広告は予算があれば他企業でもすぐに効果が上がりますが、中長期的な施策を続けていくことで簡単に追い抜かれない障壁となるのです。

　仮に世の移り変わりによっていろいろな企業が参入してきても、チームでやってきた時間と量のマーケティング施策は、ライバルにも同程度の期間と量が必要になるのです。

ゴールまでさまざまな販促施策を用意する必要がある

マーケティングファネル		最適なアプローチ方法
潜在層	より多くの潜在顧客に認知してもらう	・YouTube チャンネルを構築し、潜在層に認知を広げる ・ネイティブ広告などを実施し、幅広い層に商品認知を広げる
見込み層	情報提供をして商品サービスの必要性を理解してもらう	・検索エンジンで上位表示できるように一次コンテンツなどのコンテンツマーケティングを実施する ・デジタルコンテンツをダウンロードしてもらうための SNS 投稿やディスプレイ広告を実施する
顕在層	見込み客の悩みを解決できる商品サービスであることアピールする	・リスティング広告や Facebook 広告を使って、悩みが顕在化しているユーザーに PR する ・検索エンジンで上位表示できるように一次コンテンツなどのコンテンツマーケティングを実施する
競合検討層	競合よりも優位性があるポイントや、自社を選ぶことで得られる価値を伝える	・見込み客が求める優位性の高いコンテンツを提供する ・商品を買わずとも、自社の魅力が十分に伝わるようにデジタルコンテンツを用意する
自社検討層	不安や疑問を解消し、申込や問合せの障害を取り除く	・Q&A のチャットボットを入れて、質問や不安に即時対応できるようにする ・サービスサイトの利便性や情報の網羅性を上げて離脱率を下げる。

アドバイス

デジタルマーケティングは経営戦略の一環。総力戦で挑む

デジタルマーケティングでの売上アップを目指すには、1人で片手間にやるというのは難しいものです。チームを結成して、きちんとした目標を設定し、それなりの予算をかけて、スピード重視で実施するべきです。

デジタルマーケティングに
強いビジネスモデルを構築しよう!

ビジネスモデルをアップデートする

　マーケティングは集客、顧客教育、セールス、リピートの全てが揃った時に成果を発揮します。集客だけできても売上は上がらないし、一度売上を上げてもリピートしてもらわないと大きな利益が残りません。

　特に昨今では、Webマーケティングの分野は成熟しておりライバルと大きな差を付けるのが難しくなっています。

　「リスティング広告に10万円かけたら1000万円の売上が上がった」といった成功例は少なくなっています。手間を掛けずに売上に直結する数字を作るのは難しいという前提に立ち、マーケティングプロセス全体の整備を進めてください。

　とはいえいきなり全部のしくみを整えるのは難しいので、段階的に実践していくことになります。そこで大事になるのはゴールとなる目標設定です。「半年間・1年間で何をどこまでやるのか」を決め、予算を組み、人員計画を立てるということです。

　このゴールを間違えてしまうと、集客ができても売上につながらないなどの問題が生じることになります。

　例えば粗利益400万円を得るために、デジタルマーケティングで月間200件のリードを獲得するというKPIを設定したとします。

Web広告を使うことでリード獲得の目標は達成できますが、顧客教育やセールス、リピートを広告で何とかするのは難しい。そのため、せっかく獲得したリードを生かせず、利益が出ず、広告費をかけても採算が合わなかったというケースはよくあります。やはり集客からリピートまで含めた工程を作り込むことが大事になります。

LTVを上げ顧客単価を上げる

販促費を考えるうえで指標となるのが「1人当たりLTV」という考え方です。LTV（顧客生涯価値）とは顧客が生涯を通じて企業にもたらす利益のことを指しています。通常は3ヶ月、6ヶ月、1年でLTVを算出します。

次の図のように、初回1万4800円のDVD教材を買った人に、バックエンド商品としてリピート商材（1万1550円）をおすすめし、10人のうち3人が申し込んでくれたとします。すると1人当たりLTVは約2万5000円となります。教育やリピートのしくみがあればLTVはさらに上げられます。

LTVの計算例

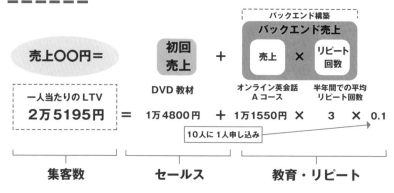

🔍 **バックエンド**　新規顧客開拓のため最初に見込み客に提供する商品・サービスとして「フロントエンド」があり、その提供後に販売する商品・サービスのことを「バックエンド」という。

1人当たりLTVが約2万5000円だと想定できるなら、その金額に見合う分だけ販促費をかけられることがわかります。例えば1人の集客に2万円をかけても採算が合うわけです。反対に1人当たりLTVが低いと、かけられる販促費が低くなります。

事例の商品で、顧客教育とリピートのしくみがないと、見込める売上は初回の1万4800円だけになってしまいます。すると1人当たりLTVは1万4800円となり、現実的には1万円くらいしか販促費をかけられなくなります。教育・リピートのしくみがある場合と比べて、かけられる販促費は半分になるわけです。

顧客教育・リピートは好循環を生む

顧客教育、リピートのしくみは好循環をもたらします。利益が増えることにより、新規顧客1人当たりの獲得単価（目標CPA）を上げられるので、クリック単価の高いキーワード（競合の多い分野）を攻められるようになるからです。これによりCVが増えることで、さらにバックエンド商品が売れるようになり、また利益が増えることになります。

反対に顧客教育、リピートのしくみがないと、利益が少なくなり、目標CPAを下げざるを得なくなります。目標CPAを下げると打てる施策が限定されるため、CVが増えず、商品が売れず、利益が残りづらくなり、さらに広告に費用を使えなくなり……という悪循環につながります。

デジタルマーケティングを成功させるうえで、顧客教育・リピートも含めた全体のしくみを設計することが非常に重要な論点になるわけです。

顧客教育・リピートが左右する好循環・悪循環

バックエンドが売れない

利益が少ない

悪循環

CV（リスト）が増えない

CPAを下げる

キーワードが限られる

バックエンドが売れる

利益が増える

好循環

CV（リスト）が増える

目標CPAが上がる

配信キーワードが広がる

売上アップを加速させる「御社のWebチーム」を結成しよう

最もチームに参画するべきは
経営者のあなたである

経営者もマーケティング知識を身に着けることが重要

　これまでも触れたように、経営者がデジタルマーケティングの知識を身に付けることは大切です。知識がないと、無理のある予算と期間を設定してしまうからです。その結果、無理のあるマーケティング施策を行わなければならず、全く成果が上がらないことになります。

　現場が予算や期間を決められるような会社は別ですが、ほとんどの中小企業は経営者が決裁権を握っているはずです。決裁権のある経営者がWebチームに参画し、マーケティング知識を身に付けながら、適切な目標を設定する必要があります。

　デジタルマーケティングに取り組んでも商品が売れないのは、最終的には経営者の責任だと私は考えます。市場に求められる商品・サービスを作り、利益が出るビジネスモデルを作るのは、経営者の仕事だからです。

　デジタルマーケティングは魔法ではありません。ライバルとの競争や、広告プラットフォームのルールなど、制約が多いなかで取り組まなければならないのです。そんな戦場に挑むには、そもそも利益を上げられるビジネスモデルを構築する必要があります。

【事例紹介】商品・サービスがいいとマーケティングも簡単

　市場が求める、魅力的な商品・サービスを構築できれば、マーケティングのスキルは低くても売れていくのは事実です。下記はそのいい例です。

魅力的な商品・サービスコンセプト

建築会社
株式会社Minoru 様

【特徴や強み】
・家賃を支払うことで家が購入できる
・初期費用が住宅ローンよりもかからない
・賃貸時から好みの家のプランニング

【サービス】
賃貸から購入という新しい住宅供給方法

　建築会社Minoru 様の事例を紹介しましょう。

　住む家を考える時に、賃貸がいいか購入がいいかというのはよく話題になる選択肢ですが、この会社では第三の選択肢として「家賃が実る家」を開発しました。

　家賃を払い続けることで、最終的には家が自分のものになるという商品です。住宅ローンが組めない、あるいは頭金が用意できない人でも家が持てるということで、独自性の高い、時代にマッチした商品といえるでしょう。

　この商品を、Web 広告を使って集客したところ、初月から目標数値を達成しました。

【事例紹介】サービスを改善すれば成功する可能性も

　次に、商品にはそれほど独自性はなかったものの、提供の仕方を変えることで成功した事例をご紹介します。

　この会社では犬用の口臭サプリを新商品として立ち上げました（初回1970円、2ヶ月目から7678円の定期コースを販売）。そしてWeb広告を実施しましたが、リピート通販の世界では初回価格の3倍ぐらいのCPAが妥当なラインのところ、1件当たりの顧客獲得に約2万円の広告費がかかってしまい、採算が合わない結果になりました。

　そこで当社に相談に来られたのです。

　犬の口臭サプリは他社からも出ており、成分や特徴は似通っていて、差別化しやすい商品とはいえません。そこで当社では、他社と同じようにWeb広告で商品をアピールするだけでなく、口臭サプリに対する不安の解消につながるサービスの設計を提案しました。

　具体的には、返金保証付きキャンペーンや、ワンちゃんの知識UPコンテンツ（冊子）、疑問・質問に答えるサポート体制の充実などです。その結果、1件当たり約5000〜7000円の広告費で商品が売れるようになりました。

　このようなサービスのブラッシュアップはコストがかかります。コストはマーケティングの担当者と外部のパートナーがいくら知恵を出し合っても解決できない問題であり、経営者による意志決定が必要になります。

　商品・サービスの問題点を的確に把握し、迅速に改善していくためにも、経営者がデジタルマーケティングチームに加わることが重要なのです。

売上アップを加速させる「御社のWebチーム」を結成しよう

選択肢は社員だけではない。
時代の追い風を活用する方法

予算が少なければ、フリーランス人材の活用を

　デジタルマーケティングを実践する人的リソースがないのであれば、アウトソースを活用することをおすすめします。ポイントは、費用対効果の高いフリーランスの活用です。

　Web広告代理店やWeb制作会社のような会社を利用するのも選択肢のひとつですが、それはある程度の予算が用意できる場合です。予算が少ない会社は、代理店が仕事を引き受けたがらないケースも少なくありません。

　「2030年にIT人材が最大79万人も不足する」とも言われ、デジタルマーケティングの支援をする会社にとって人材は貴重な資源です。

　代理店や制作会社も予算の大きい会社の支援に入った方が利益を上げやすく継続もしやすいのです。

　ただし、Web広告代理店、Web制作会社といっても経営方針はそれぞれ異なりますから、それらの会社のホームページをしっかり確認してから問い合わせてみるとよいでしょう。特にサービス方針やお客様事例の確認は重要です。また、その確認の上で予算に制限がある場合は、小予算でも対応してくれる代理店やフリーランスを選択するのが現実的となります。

　外注を使う場合には、対等なビジネスパートナーとして接して、

お互いに WIN WIN になれるような関係を構築しましょう。

　デジタルマーケティングの重要性が増すなか、実力ある Web 代理店やフリーランスは仕事をたくさん抱えています。横暴な態度を取っていては、質の高いサービスを提供してもらえなくなってしまいます。

フリーランスであれば時間単位での業務委託も可能

　フリーランスを活用するメリットは、時間単位での業務委託も可能な点です。フリーランス人材のマッチングサイトを見てみると、「報酬12万円／月、稼動時間40時間」「報酬5万円／月、稼動時間20時間」など、時間単位での報酬額が提示されています。このような形でフリーランスを活用すれば、必要最低限の予算でも支援を受けられます。

　フリーランスを探す際は、フリーランスと発注者のマッチングをしてくれるクラウドソーシングサービスを利用するといいでしょう。

　また、フリーランスではなく、企業に勤めている人が副業としてデジタルマーケティング支援を提供しているケースも増えています。そのような人材を探す場合は副業マッチングサービスを利用してみてください。Webマーケティング業界に勤めるプロを、副業人材として採用できるかもしれません。

　ただし、フリーランスや副業人材を使うにしても、優秀な人は取り合いになっているのが現状です。安く使おうと思ったら、経験の浅い人材しか集まりません。経験豊富なデジタルマーケティング人材を、どのくらいの費用をかけて確保するかは、重要な経営判断のひとつといえます。

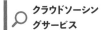
クラウドソーシングサービス

仕事を発注したい企業や個人が、不特定多数に仕事を依頼し、アイデアやデザインを募集したりするためのWEBサービス。

主なクラウドソーシングサービスや副業マッチングサービス

クラウドソーシングサービス	副業マッチングサービス
クラウドワークス https://crowdworks.jp/	クラウドリンクス https://start.crowdlinks.jp/
ランサーズ https://www.lancers.jp/	ソクダン https://sokudan.work/
ココナラ https://coconala.com/	プロの副業 https://profuku.com/

時間単位での
委託なら一考
の余地あり

ジョブ型雇用も浸透しつつある

　特定の分野に特化したスキルを持った人材を、現場のニーズに合わせて配置する「ジョブ型」と呼ばれる雇用形態も広がりつつあります。ジョブ型とは、職務内容を明確に定義して、勤務地や労働時間が限定された雇用形態のこと。人材のスキルを生かしたピンポイントな配置や評価が可能になるというメリットがあります。このジョブ型社員をWebマーケティング担当者として採用している会社も増えています。

　自社の社員を一からWeb担当者として育成するのもいいのですが、フリーランスや副業人材、ジョブ型雇用など、さまざまな選択肢を検討しながら自社のWebチームを構築していくことも考慮すべきでしょう。

売上アップを加速させる「御社のWebチーム」を結成しよう

実施施策別、
チーム人員構成のケース例

小さい目標からスタートする

デジタルマーケティングを成功させるには、目的・目標に合わせて、適切な予算・人材・期間を設定することです。無茶な目標設定をしたり、予算・人材・時間に十分な余裕がないまま施策を進めたりすれば、社員を疲弊させるだけで成果を得られません。

もし低予算で始めたいのであれば細かくマイルストーン（節目）を引いて、無料でできる集客から始めるのもいいでしょう。例えば、「Twitterでフォロワーを1000人にする」など、小さい目標からスタートします。

デジタルマーケティングの知識は、インターネット上でも無料で得られます。その道のプロがYouTubeやブログで最新の情報を公開してくれているので、それらを見れば大体のことはわかります。もしその時間もないのであれば、フリーランスなどのプロに依頼するのがいいでしょう。

先行投資は回収に時間がかかるが必要

ビジネスは常に投資と回収の連続です。数千万円投資して店をオープンしてから、初期投資を回収し終わり利益が出るようになるまで数年かかるのが普通です。

デジタルマーケティングもこの事業戦略と一緒で、先行投資が必要で、それが後に利益となって返ってくると考えてください。

　そして、投資した分だけ回収金額は上がります。裏を返せば投資が少なければ少ないほど、得られる利益も少なくなるということです。その点を理解したうえで、どれくらいの利益を上げたいのか目標を立てて、予算・人材・期間を設定してください。

実施施策例、チーム人員構成とは？

　先行投資や予算だけでなく、チーム編成も重要です。

　実施施策別にどのようなデジタルマーケティング人材を確保すればいいのか、その一例を紹介します。

●Web広告で直接的な売上アップを目指すなら

　ECサイトや通販ビジネスをメインに見込み客を広告で集めてビジネスを成長させるケースです。この場合は、自社外部関わらず以下のスキルを持った人員構成が望ましいです。

　　・ディレクター（プロジェクトの予算、進行管理、社内への説明）
　　・Web広告運用者（実際に広告運用をする人）
　　・セールスコピーライター（LPのコピーや広告バナーの
　　　ライティング）

　Web広告が集客比率の大半を占める状況だと、どの人員も経験者をアサインする事が望ましいです。また、運用者とコピーライターの2つは外部でもディレクターは社内人材で賄いたいものです。

　最近では、広告運用の技術を教えながらサポートするインハウス（内製）支援などのニーズも高まってきました。数年後を見据えて、

内部で育てるのが難しい分野においても社内人員で賄えるように準備を始めている企業は多くなってきている印象です。

●YouTubeチャンネルなどSNSで認知拡大を狙うなら

　自社の人員でも取り組みやすいのがSNSを使ったアクセスアップです。情報発信を続ける継続力とコンテンツの内容に専門性が求められるため、可能な限り社内人材で構成するのが望ましいです。

・ディレクター（主にプロジェクトの予算・進行管理、社内への説明）
・YouTubeの場合は演者（動画出演する人）
・動画クリエイター（編集する人）

　動画の撮影は、最近のスマートフォンの性能でも十分ですが、動画の編集やサムネイルの撮影は外部に任せた方が効率的です。1本あたり3000円などで編集してくれるフリーランスの方も多いです。
　当社のタベリナチャンネル、ゴルファボチャンネルはディレクターと演者を社員一人が兼任しています。デジタルマーケティングの知見がある人材であれば兼任は可能です。

●Twitterで認知拡大を始めるなら

　Twitterはリアルな日常の投稿などが必要なため、外部に運用をお願いすることは難易度が高く、社内で対応するのがよいでしょう。
　Twitterはコツコツと継続しなければ大きな成果につながらないので、それらを応援する経営者の姿勢と社員達の意識が成功のポイントになってきます。

・ディレクター（主にプロジェクトの予算、進行管理、社内への説明）

・経営者
・社員数名

　Twitterは経営者の方でも情報発信のツールとして使うケースが増えてきています。実際にセミナーや勉強会、交流会などはTwitterで発信するとすぐに満席になってしまうケースも多いです。
　さらに採用市場でも積極的にスカウトなどにも使われています。新卒採用でも「Twitterを見て会社説明会に参加した」という方が弊社でも半分以上を占めています。

●オウンドメディアなどでコンテンツマーケティングを始めるなら
　私の会社で運営している「リスマガ」は、Web広告に詳しい外部ライターがいないため、社員20名ほどの体制で執筆しています。広告費はかかりませんが、人件費と時間は最もかかっている施策だと言えます。

・ディレクター（主にプロジェクトの予算・進行管理、SEOの
　知見必須）
・記事の確認者（業界事情に詳しい人）
・外部ライター数名（SEOライティングの知見がある人）
※記事の執筆頻度や内容によっても変動します。

　実はWebマーケティングの施策の中でも最もリソースを必要とするのがオウンドメディアを利用したコンテンツマーケティングです。
　ブログなどを検索エンジンでヒットさせて集客していた時代は過ぎ去り、情報発信者の権威性や信頼性までも検索エンジンのアルゴリズムが評価する時代になりました。
　専門的かつ独創性の盛り込まれたコンテンツを作らないと検索エンジンに評価されないため、投下リソースは年々上がっています。

デジタルマーケティングチームの構築の解決策
「御社のWebチーム」

　フリーランス活用のデメリットは実力がまちまちなこと。安い報酬で雇える人はそれなりの知識・スキルしか持っていませんし、実力ある人材は報酬が高い。自社にとって適切な人材を探すのは難しい場合もあります。

　また、フリーランスに一度仕事を発注しても、継続してお願いできるとは限りません。彼らは1人で仕事をするワークスタイルなので、体調不良などの場合に対応が滞る可能性もあります。

　したがって、長期的にデジタルマーケティングを実施していくうえでは、やはり社内人材を育てていくことが重要だと考えます。

　マーケティング人材を育成するサービスもありますが、教育だけで実践が伴わないと実力が付かないという問題があります。「知る・わかる」レベルではなく、「できる・応用する」レベルで身に付けないと、実戦では使えません。実戦にも対応できる人材を育てるには、予算と時間が必要になります。

　このような問題に対応するために、デジタルアスリートが提供しているのが、「御社のWebチーム」というサービスです。当サービスでは、外部のラボに、広告運用、コピーライター、動画クリエイターのそれぞれのプロを配置したチームをつくります。

　そして、そのプロ集団のなかに自社の社員をアサインし、プロの技術を学びながら一緒に実務を経験してもらいます。これによりWebマーケティングで成果を上げつつ、社内に知見を蓄積してもらうことが可能です。そして、少しずつ

インハウス化にシフトしてもらうことを狙います。

　お客様によっては、Web広告は弊社に任せて、Twitterは自社で実施する。というように自社社員との組み合わせで計画を立てる企業例も多いです。

　しかし、その一方で、知識やスキルを持った社員が独立や転職されてしまった時に実施中の施策に穴が開いてしまうこともしばしばあります。

　そのように刻一刻と変化する中小企業様の状況に柔軟に対応し、最先端のデジタルマーケティングを実務面でもサポートするのが当社の「御社のWebチーム」なのです。人材育成とWeb施策の実践、両方を同時にやりたいのであれば、「御社のWebチーム」をご検討ください。

御社のWebチーム
https://ppc-master.jp/web_team/

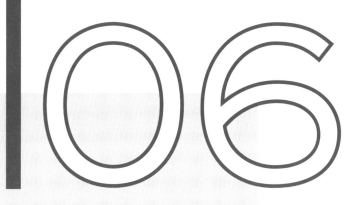

DX時代に求められる
デジタルマーケティングの本質とカギ

デジタルマーケティングはDXに関わらず常に進化しています。その進化には遅れることなく対応していく必要があります。もし、DXの進化ができれば中小企業にとってそれは強い味方になりえます。本章では、今後のデジタルマーケティングのあり方について解説します。

デジタルマーケティング成功のカギは
顧客に選ばれるデジタルシフト

マーケティングは顧客価値を生み出すこと

　そもそもマーケティングとはどういうものでしょうか。インターネット百科事典であるWikipediaでは下記のように解説されています。

　企業などの組織が行うあらゆる活動のうち、「顧客が真に求める商品やサービスを作り、その情報を届け、顧客がその価値を効果的に得られるようにする」ための概念である。また顧客のニーズを解明し、顧客価値を生み出すための経営哲学、戦略、しくみ、プロセスを指す。

（出典：Wikipedia）

　デジタルマーケティングもマーケティングの一種です。単にビジネスモデルや商品・サービスをデジタル化するのではなく、顧客価値を生み出すものである必要があるでしょう。

　「はじめに」で、DXには「攻め」と「守り」があるとお伝えしました。最初に「守り」のDX、つまり、業務プロセスのデジタル化やオンライン化に着手する企業が多いかもしれません。ですが、それだけでは不十分です。「攻め」にも取り組まなければ、DXは完成しません。顧客にとって価値のある、デジタルされた商品・サービス

を生み出すことで、DXを推進しましょう。

リアルとデジタルの境目はなくなりつつある

　少し前までは、リアルとデジタルの世界は分断されていました。例えば洋服を買うのでも、ECサイトで商品情報を見るだけではわかりにくく、「商品が届いてみたらイメージと違った」といった不満を感じることはよくありました。

　しかし、昨今ではテクノロジーが進化し、リアルとデジタルの境目がなくなりつつあります。AR/VR技術を使ったECサイトなら、リアルに近いかたちで洋服を選ぶことができます。それまでデジタルとはあまり縁のなかったビジネスでも、Zoomで商談をしたり、動画で商品紹介をしたりといったことが当たり前になってきました。

　リアルとデジタルの境目が徐々に消えつつあるなかで、顧客に選ばれるデジタルシフトを行っていない企業は市場から取り残されていきます。顧客がどのように情報収集をしているのか、商品を買うまでにどれくらい比較検討しているのか。顧客の購買プロセスに合わせて、AIなどの新しい技術を使いながら適切な情報提供をしていかなければなりません。

　もちろん新しい技術を使ったからといって顧客に選ばれるようになるわけではありません。まずは顧客のニーズをしっかりと捉えたうえで、それらの便利なツールの導入を検討する必要があるでしょう。

06
-
01

デジタルマーケティング成功のカギは
顧客に選ばれるデジタルシフト

これからのデジタルマーケティングの3箇条

これからのデジタルマーケティングにおいて、私が大切だと思うのは次の3点です。

①企業主観のマーケティングから、
顧客視点の情報提供型のマーケティングへ。

「こういう手法が流行っているからうちもやろう」と安易に取り組む会社は多いです。それでは自社の顧客にマッチしたマーケティングは行えません。自社の顧客が多く存在している媒体で、顧客の求めるコンテンツを提供していく必要があります。

例えば、かつては王道だったリスティング広告も、Googleで検索するユーザーに対しては有効ですが、Instagramを情報収集の主力にしているユーザーに対しては効果がありません。自社の顧客がどこにいるのかをまず理解して、その場所でマーケティングに取り組むことが最善の道となります。

②顧客はより利便性とパーソナライズドされたサービスを求めるので、
ビジネスのDXは必須。

同じ商品・サービスなら少しでも便利に早く買えるWebサイトが選ばれるように、顧客は利便性を求めています。企業もそれに合わせて、利便性の高い商品・サービスを提供する必要があります。

パーソナライズド、つまり個人に最適化された情報提供や商品・サービスにすることもポイントです。YouTubeやAmazonが、ユーザーの趣味嗜好を分析しておすすめのコンテンツや商品を提示するように、中小企業も顧客一人ひとりに合わせた商品・サービスを提供できるしくみを取り入れていきましょう。各広告媒体やSNSが装備するパーソナライズド機能を積極的に活用してください。

③デジタルマーケティングだからこそファン化が大事。
「まずはやってみよう」では生き残れない。

　これまでのデジタルマーケティングは、「まずはやってみよう。そしてダメだったら撤退しよう」が当たり前でした。やり方次第ではほぼ無料でスタートできたので、気軽に取り組みやすかったからです。

　しかし現在では、お試し感覚で取り組んで成果を上げることは難しくなっています。顧客はより便利で価値のあるものを求めるようになっているからです。例えばLPを見て、「信用できるか、できないか」を瞬時に判断して、資料請求や商品の購入を決定します。適当に作ったLPでは顧客の不安や疑問を払拭できず、選んでもらえないことになります。

　したがって「まずはやってみよう」ではなく、「絶対的なファンを作るところまでやり切ろう」という意気込みで取り組んでいく必要があります。

　あらゆる企業がデジタルマーケティングに取り組む時代です。中長期的な視点で、顧客のニーズに合った施策を総合的に実践していくことが、これからの重要な経営課題となっています。

DX時代に求められる
デジタルマーケティングの本質とカギ

マーケティングの本場
海外から見る最新のデジタルマーケティング

マーケティングファネル全体を見る重要性

　当社ではデジタルマーケティングの海外カンファレンスに参加し、最先端のマーケターやコンサルタントと意見交換をすることがあります。そこで感じることは、日本は最先端の国と比べて3年〜5年ほど遅れているということです。特に大きな違いは、追いかける指標の違いです。

　日本のマーケティング業界では、ラストコンバージョン、つまり最後にクリックした広告を重視するのが常識です。指標でいえばCPAが注目されます。

　一方海外では、アトリビューション、つまりCVに至るまでにユーザーが接触した全てのポイントが重視されています。農業に例えれば作物を刈り取る最後の工程だけでなく、畑を耕す、種を蒔く、育てる、といった全ての工程に目を配るということです。

　Google広告にも数年前からアトリビューションとして全体を分析できる機能が搭載されました。それでもまだ日本では、ラストコンバージョンをWebマーケティングの指標として使っています。マーケティングの本場海外から見て遅れているのです。

　日本でも海外にならってアトリビューション分析を重視する考えが少しずつ浸透していますが、そのための便利なツールやシステム

はまだあまり上陸していないのが現状です。

　私たちができることは、アトリビューション分析の視点で、マーケティングファネル全体を見渡して、予算や手間をかけるべきポイントを判断していくことです。「とりあえず潜在層の刈り取りだけやる」でもいいのですが、それではすぐに限界が訪れます。より広い視野を持ち、マーケティングプロセス全体の流れを考慮しながら、最適な施策を打っていくことが重要といえます。

考えるべきは顧客起点のオムニチャネル体験

　マーケティングファネルの各階層に応じた施策の使い分けも、海外では一般的です。例えば商品自体を認知してもらうためだけの動画広告を配信し、さらにその動画を観たユーザー（準潜在層）に向けた専用の広告を配信したりします。

　このように最終的なCVにつながるユーザーの獲得だけでなく、認知拡大や育成にもWeb広告を使うケースが海外では一般的です。

　「オムニチャネル」の視点も海外では主流になりつつあります。オムニチャネルとは、企業とユーザーの接点を、ECサイトやWebサイトだけではなく、各種メディア、店舗などのオフラインも含めて連携し、一貫した顧客体験を提供してユーザーにアプローチする販売戦略のこと。

　SNSの発展を背景に、ユーザーが情報を得る媒体やチャンネルは多様化しています。「半数以上の消費者は購入する際に3～5つのチャンネルを経由している」という調査結果もあります。購買プロセスも複雑化しているなか、ひとつの施策だけで大きな結果を出すことが難しくなってきています。ゆえに、オムニチャネル体験をどう構築していくかが重要な視点となるのです。

　では、オムニチャネルに取り組めるような大企業でなければ、こ

れから先、生き残っていけないのでしょうか？

　そうではありません。資金力のある大企業でさえも、マーケティングがうまくいっていない例はたくさんあります。資金力やリソースが限られた中小企業は、より中長期的に顧客視点で物事を考え、段階的に施策に取り組んでいくことで大企業との勝負も可能になるのです。

DX時代に求められる
デジタルマーケティングの本質とカギ

今、日本で求められている
デジタル人材育成へのカギ

デジタルマーケティング人材は取り合いに

　デジタルマーケティング業務での人材配置や人事評価についても考え方をアップデートしていく必要があります。

　中小企業でよくあるのは、デジタルマーケティングの全工程を1人のWeb担当者が担っているケースです。そのため担当者は業務過多になり、ストレスを溜めて、最悪の場合離職してしまいます。せっかく採用した経験者が数ヶ月で辞めてしまうことも少なくありません。

　当社は設立から約10年間で1800社以上のクライアントとお取り引きしてきましたが、Web担当者が中長期的に辞めないで勤め続けているケースは非常に少ないと感じています。また、3ヶ月に一度、担当者が入れ替わる会社もあります。

　そこで会社としてやらなければならないのは、選択と集中です。外部のパートナーと連携しつつ、自社にとってコアとなる業務には社員を配置して、知識・スキルを高めてもらうことが重要な人材戦略になると考えます。デジタルマーケティング人材の獲得合戦になっているからこそ、しっかりとした人材育成制度や評価制度の整備が必要です。

　責任ある仕事を任せてくれて、スキルが身に付き、正当な評価を

06
-
03

今、日本で求められている
デジタル人材育成へのカギ

197

してくれる会社には、優秀な人材が流れてきます。**中小企業としては、デジタルマーケティングに対して理解を深め、人材育成や評価制度を整えていくことで、人材の確保を図っていきましょう。**

必要なスキルを着実に教える

　当社の社員教育の事例を紹介します。当社では新入・中途社員を含めて、採用する人材の98％をデジタルマーケティング未経験者が占めています。その未経験者に網羅的に一連のマーケティングスキルを身に付けさせようと思うと、2年〜3年はかかります。しかし、経営者としては入社後3ヶ月〜半年くらいで戦力になってもらいたいと考えています。

　そこで当社では必要なスキルを一覧にして、その一つひとつを段階的に身に付けてもらう教育方法を採っています。

・パソコンスキル（タッチタイピング、Excel・PowerPointなどの操作）
・リサーチスキル（消費者、ビジネス、クライアントのデータ収集など）
・コミュニケーションスキル（非言語による伝達、相手心理の洞察、文章力）
・マーケティングスキル（キャッチコピー、記事LP、LPO対策、配信手法）
・PPC広告運用（キーワード選別、広告文、単価調整、各種機能の理解、広告の構築、入稿チェック）
・Facebook運用スキル（ターゲティング、クリエイティブ（コンテンツ制作）、各種機能の理解）
・ビジネススキル（資料作成、プレゼンテーション、時間管理、分析・施策）

　このような項目を設けて、それぞれレベルを設定し、ひとつずつ身に付けてもらうのです。
　最初のパソコンスキルは、広告の専門的なスキルとはいえません

🔍 **LPO対策**　　LPの最適化。CVを上げるためにユーザーのニーズに合わせるマーケティングの手法。

が、重要です。広告運用ではExcelやPowerPointはよく使います。その基本的スキルを後回しにすると、生産性が低いまま業務に携わらせることになるからです。そこで当社では、まずパソコンスキルを学んでもらい、一定のレベルになるまでは次の学習に移れないという教習所方式を採用しています。

　Webマーケティングの各業務も段階的に身に付けさせます。例えばPPC広告の運用なら、まずはキーワード選定、次に広告文作成というように、一項目ずつ教育していきます。

　あなたの会社でも、自社のデジタルマーケティングにおいて何が必要で、社員にどんなスキルを身に付けてもらいたいのか、どこをアウトソース（外部に委託）するべきなのかを明確に定義したうえで、教育項目をリスト化してみてはいかがでしょうか。

身に付けるべきは本質的なスキル

　デジタルマーケティング人材に身に付けさせたいスキルには二つの方向性があります。各媒体を適切に扱う施策実行スキルと、本質的なマーケティングスキルです。

　例えば広告運用、YouTube、Twitterなどのノウハウは、施策実行スキルです。これらはインターネットなどでも情報を拾うことができます。そして流行り廃りがあり、数年前のテクニックは使い物にならないことがあります。

　一方、本質的なマーケティングは、一度覚えたらずっと役に立ち続けるスキルです。例えば、コピーライティングのスキルはマーケティングの基本スキルと言われています。Twitterを使う場合も、広告を運用する場合も、魅力的な文章を書くという本質的な行為はすべてにおいて必要となります。時代が変わり、広告媒体やテクニックが変わったとしても本質的なスキルは常にどの施策でも必要になるのです。

当社がさまざまな企業を支援するなかで、成果が上がりやすい企業の特徴として感じるのは、各担当者がコピーライティングやマーケティングの基本をしっかりと身に付けているケースです。

　個別のスキルや流行りの手法には詳しくなくとも、ユーザー心理をどう動かすのか、どんなコピーで訴求するのか……といった本質的なスキルを身に付けている担当者がいる企業は、非常に強いです。担当者の本質的なスキル教育に時間をかけることが、デジタルマーケティングで中長期的に効果を上げるコツといえます。

中小企業にとってDXの時代は
追い風となる

「顧客起点」の時代に

コロナ禍を背景にオンライン化やデジタルシフトが一気に進み、消費者の購買行動が変わったことで、顧客と向き合う会社が大きな成果を上げられるようになりました。DX化を背景に、顧客起点の時代へとシフトしてきたということです。

企業のDXを支援するための便利なツールやサービスは、大手企業や先進的な企業が開発してくれています。中小企業は今こそ、顧客のニーズや購買プロセスについてしっかりと学び、それらのツールをうまく活用してDXを推進していくべきだと思います。

世の中のDXの流れは、中小企業にとって向かい風ではなく追い風です。作業工程やサービス工程が簡素化・自動化されていくなか、顧客のことを理解している会社は、人員がたくさんいなくても事業を成長させられます。顧客に求められるコンテンツや商品を提供できれば、大手企業とも戦えます。

資本力や人的リソースよりも、「顧客起点」のしくみができあがっている会社が勝ちやすい時代になっていくのです。顧客の変化、顧客のトレンドの変化、購買プロセスの変化をしっかり捉えて、デジタルマーケティングを使いこなせる会社になりましょう。

デジタルマーケティングが世の中を変える

　ビッグデータ、AI、VR/AR、MAなど、新しいデジタルマーケティングの技術が一般的になってくると、今まで見えなかったオンライン上の顧客像が見えるようになってきます。誰がどんな興味を持っていて、何を必要としているのかが、かなりの精度でわかるようになります。そして、狙ったユーザーに対してよりピンポイントで情報が届けられるようになります。

　これは、消費者にとってより利便性の高い世の中になっていくことを意味していますが、一方で企業にとっても良い変化です。

　今までの企業の販促はムダが多すぎました。求めていないユーザーに対して求めていない情報やコンテンツを配信してしまい、「広告がウザイ」などとクレームがくることもありました。しかし今は、興味のある人にだけ情報を提供することが可能になり、さらにはよりムダな販促費をカットできます。

　また、新しいテクノロジーを使って自動で広告運用を最適化してくれる機能も登場しています。販促費をさらに最適化できる時代になっていくでしょう。

　登場したばかりの頃に「誰が使うの？」と疑問視されたiPhoneが現在ではスタンダードになったように、VR/AR、AIなどの技術が、今後一般的になっていきます。それらの技術を利用するデジタルマーケティングが世の中を大きく変えていくことでしょう。

　これから10年、社会に大きな変化が訪れると思います。その波に乗れた中小企業は発展していけるはずです。**今このタイミングで、デジタルマーケティングを始め、知見を深めていけば、その波に乗りやすくなります。**ぜひ経営課題のひとつとして、デジタルマーケティングに取り組んでください。

長橋真吾とLINEで友達になりませんか？

　私が経営するデジタルアスリート株式会社の公式LINEでは、デジタルマーケティングに関するオンラインセミナーの無料招待や成功事例を記載したホワイトペーパーの配布、過去に開催した有料セミナー動画の無料閲覧ができます！

◎より専門的にデジタルマーケティングに関する知識を身につけたい!
◎デジタルマーケティングに関する疑問を解消したい!
◎プロに気軽に相談できる場が欲しい!
◎最新のデジタルマーケティングの情報を素早く手に入れたい!

　このような方に向けて、情報を発信しています！

登録の流れ

❶ QRコードをLINEで読み取る
❷ デジタルアスリート株式会社の追加を許可
❸ 友だち追加
❹ 無料で最新情報を受け取る

～小さな会社のデジタルマーケティング超入門～
DX時代の売れるしくみの作り方

2021年10月31日　発行

【著者プロフィール】

長橋 真吾

1984年、長野県生まれ。2007年に日本体育大学体育学部を卒業。
大学卒業後、情報通信系商社の営業、さらにはWebマーケティング会社を経て、治療院に特化した
ネット集客支援サービスを手がけるWebコンサルティング会社に入社。そこでリスティング広告のノウ
ハウを学ぶ。
2011年に株式会社リスティングプラス®を設立し、代表取締役社長に就任。
以来、中小企業を中心にデジタルマーケティング支援に携り、2021年9月現在で1887社への支援を
行っている。
Googleプレミアムパートナー、Yahoo!プロモーション広告正規代理店スター保有企業に認定。2012
年からは、約7000社の代理店が参加する、Google主催の代理店運用コンテストで3年連続Gold
Award(最優秀賞)を受賞。

デジタルアスリート株式会社
https://ppc-master.jp/

※株式会社リスティングプラスは、2022年1月よりデジタル
アスリート株式会社に社名が変わります。

著者	長橋 真吾
協力	平 行男
デザイン	越智 健夫
DTP・図版作成	株式会社ニホンバレ
発行人	佐藤 孔建
編集人	梅村 俊広
発行・発売	〒160-0008 東京都新宿区四谷 三栄町12-4 竹田ビル3F スタンダーズ株式会社 https://www.standards.co.jp/ TEL：03-6380-6132

印刷所	三松堂株式会社

●本書の内容についてのお問い合わせは、弊社サイ
ト、もしくは右記メールアドレスにて、書名、ページ数と
箇所を明記の上でご連絡ください。ご質問の内容に
よってはお答えできないものや返答に時間がかかって
しまうものもあります。また、お電話でのご質問は答え
ることができません。予めご了承ください。

●落丁本、乱丁本など不良品については、小社営業
部(TEL:03-6380-6132)までお願いします。

e-mail：info@standards.co.jp

Printed in Japan

本書に掲載した会社名・商品名などは一般に各社の
登録商標、または商標です。
本書の無断転載は著作権によりこれを禁じます。
©standards 2021

【 書店様へ 】

書店様向けに、ネット経由での書籍のご注文を
承っております。
https://www.standards.co.jp/
store/

ぜひお試しください。
(※個人様向けの注文サイトではありません)